U0076326

教Baby真Easy

【自序】人生的夢想是可以實現的

從沒想過會出國念書的我，卻在一九九九年來到美國，重新開始學英文。

我父親在我出國前語重心長地問：「力瑜啊，你的英文這麼差，真的要出國嗎？」

我說：「爸爸，從小您教我遇到困難要克服而不是逃避；我就是因為英文不好才要去把它學好啊！」

我父親聽了之後，這十年來，與母親兩人對我只有鼓勵與支持。

攻讀「應用行為分析」

我在二〇〇〇年念碩士時主修的科系，是非常冷門的應用行為分析Applied Behavior Analysis；幸好家人沒有對我念的科系有太多質疑。也許，我的父母早就習慣我那種一旦決定了就要堅持到底的個性。

當然，這樣的個性的確讓我在人生旅途上吃了很多苦頭。我常跟我母親開玩笑說，我自己是那種明明大家都告誡我前面有坑洞，但是我若決定要一探究竟，還是會排除萬難往坑裡跳；然後再起來對著告誡我的人說：「嗯，的確是個坑，跳下去真痛！」也是這樣的個性，支持我在旅美將近十年的歲月裡，每當遇到困難時總能一次次地咬著牙向前走。

我記得當年突然打電話回台灣跟母親報備、要從原本想念的音樂治療轉而攻讀應用行為分析時，母親問：「那是什麼科系啊？」

我說：「媽，您不要在意這科系的名字啦！反正我向您保證，這科系

十年後會很重要！」

就這樣，我走進最喜歡的心理學領域，研究其中的應用行為分析，而且慶幸自己到美國念了這門學科。因為，我自己在這領域學習到的知識，已經陸陸續續協助了我在美國的許多學生們，以及聽過我演講的許多老師與家長。

從二〇〇〇年開始深入地接觸特教領域，也教導過學習語言的學習者，並在韓國服務過許多中輟生。

我在我的服務領域中，以應用行為分析當作主軸，將我大學就讀社工系所學到的溝通技巧、與博士課程裡的教育心理學教學技巧加以搭配，用以協助許多學習者，成效都非常良好。

二〇〇四年開始，有機會接觸 Vicci Tucci 女士的教育訓練。她的教育訓練融合了應用行為分析、直接指導教學法 Direct Instruction 以及精確度教

學法 Precision Teaching」這些概念的整合，強化了我在實務上的能力。而且，她強調藉由遊戲來學習的教學理念，正是我離開台灣到美國追尋的答案之一。

目前，我也已經開始將 Vicci Tucci 女士的教育訓練推展回台灣，以她所提倡的「有能力的學習者模式 Competent Learner Model」有系統地訓練一些老師與家長；目前受訓的家長與老師們，也都能在接受訓練的過程裡，學習到更有效率的教學技巧。

感恩與分享

在人生旅途一路走來，並不是沒有經歷過困難；但總是會有上帝的帶領與貴人及時伸出援手拉我一把，讓我心中總是非常感恩。

尤其，因為父母與其他家人都是慈濟人的因緣，所以每到新的地方，就會習慣性地找尋那裡的慈濟人；從佛羅里達州、西維吉尼亞州、到現在的加州，總能見到慈濟人，感覺就像是見到自己家人一般地親切。

我常說，到慈濟的團體裡是件令人開心的事；那種彼此協助、彼此學習的文化，總讓我自己獲益良多。

已經忘記何時許下要把第一本書捐給慈濟的心願了；但是，我不會忘記自己曾經接受過許多人的恩惠，有朝一日一定要回報。我常常在心裡告訴自己——若是有一天可以出書，把我在美國所學應用行為分析的原理原則和這些年來從事教育的經驗與大家分享，很希望把這本書獻給對我意義深重的慈濟。感恩慈濟傳播人文志業基金會出版部願意協助我成就這個心願，真的非常幸運，也非常感恩。

誠盼本書的出版，能真正提供家長們和教育工作者多一點實用方法來與孩子們進行良性互動，讓親子之間的關係更融洽，孩子更有教養。

在此也要特別感恩在美國的幾位教授及長輩的啟發與協助，其中包括Dr. Dan Hursh、Dr. Jose Martinez、Dr. William Gabrenya以及 Dr. Marion Kostka 和 Mr. Jacques Williams，還有提供照片的家長們。

應用行為分析法簡介

應用行為分析法 Applied Behavior Analysis，英文簡稱為ABA，這是從心理學的行為學派發展而來的教學方法，使用的範圍非常的廣泛；目前，被使用於協助有特殊學習需要的學習者成效尤其良好。

應用行為分析法非常重視藉由觀察來發覺行為背後的功能，再經由客觀的分析，找出影響行為無法改變的原因並加以調整。

使用在教學上，首先重視找出可以引發學習動機的增強物；然後再經由提示、塑造、淡化等技巧來協助學習者學習，增強物也會在行為建立後有計畫地逐漸移除。最終的目的，則是希望協助學習者發展出自發性的學習動機與能力。

目錄

應用篇

觀念篇

父母也是一種職業？

「當父母」也是一種職業

我學弟說，「我的父母親對我而言好像是空氣——明明存在，但是卻看不到他們！」

我的教授Dr. Jaci在介紹他的研究報告時提到，很多做父母親的人可能都忘記，父母親其實也是一種「職業」。

由於現代人都很忙碌；所以，把小孩生下來後，往往都交給別人帶。但是，老實說，交給保母帶，保母只能幫你看著小孩、避免發生危險；交給爺爺奶奶或外公外婆帶，他們也只能幫你餵養小孩、讓他不會挨餓。當然，我相信很多保母還有長輩都很有愛心；可是，別忘了當父母是你的職

業！

你有想過，你是一個稱職的父母親嗎？你的小孩需要你的時候，你在哪裡呢？

美國有很多移民，因為父母親辛苦地忙著工作，沒空照顧孩子；小孩回到家之後，沒有人關心及教導他們，便學會以網路虛擬空間當慰藉，漸漸跟父母完全沒有交集。套一句我學弟說的，「我的父母親對我而言好像是空氣——明明存在，但是卻看不到他們！」

有一些父母，在小孩發生問題後才來尋求協助，希望能立即見效。但是，冰凍三尺非一日之寒，又怎能立即解凍呢？摔碎一個杯子總是很快也很容易；但是，要拼回原來的樣子卻是困難百倍！

我要向用心養育小孩的天下父母致上最高的敬意，因為養育小孩真的很辛苦！

爸媽的 HOME WORK

請記錄一下，這星期自己每天跟小孩互動的時間有多少？
若是有空，這星期帶著全家到郊外走走、培養感情吧！

若是父母也有「試用期」

想想看，如果父母這項職業也有試用期，你會被自己的小孩繼續雇用或是請你走路？

很多公司錄用新人時，通常都會有二到三個月的試用期——若是公司滿意你的表現，便決定繼續聘用；否則，公司就會請你另謀高就。

想想看，如果「父母」這項職業也有試用期，你會被自己的小孩繼續雇用或是請你走路？

我常從學弟妹口中聽到他們對父母親的抱怨。他們不是去比較誰家的爸爸賺的錢多、或是誰的媽媽能幹；而是抱怨——

「我的父母老是要我們讀書，怎麼自己都不讀書？」

「老是把我拿來跟別人比較，我也很想被生得很聰明啊！可惜基因如此，我也很無奈啊！」

「我媽每天除了去購物、泡湯、做頭髮以外，什麼都不做。」

……

雖然孩子沒辦法選擇自己的父母，但是他們對父母所扮演的角色也會有一定的評價。你曾想過自己在孩子的眼中是怎樣的父母嗎？若是給你小孩一個量表來測驗他對父母的滿意度，你可能會拿幾分？你能在小孩的滿意度評量裡 All pass 嗎？或者你是被小孩當掉、需要重修的父母？或是根本就被三振出局呢？

這並不是要求天下的父母都要完美無缺，因為人根本不可能完美；也不是要求在成為父母的那一刻，馬上知道如何當父母。但是，就因為父母

真的是很辛苦的職業，而且還是終身職，才更要盡力地學習如何當父母、謹慎地教養小孩。

「應用行為分析論」常常強調：When you choose the behavior, you choose the consequences 當你選擇行為的同時，你也選擇了結果．因此，使用適當的方法來教養孩子的工作，今日不做，明日就會後悔！

爸媽的 HOME WORK

拿出紙筆來幫自己打分數，評分項目包括：陪伴的時間、管教的合理性、愛心、耐心、包容、和藹。如果你是你自己的小孩，會幫作父母的你打幾分呢？

親子互動的重要元素

愛心、耐心、包容與和藹是良好親子互動的重要元素。做為父母的你具備了哪些呢？

陽光、空氣、水、養分，是培養植物的必備條件；然而，建立良好親子關係的必備條件又是哪些呢？參考了許多教育工作者的經驗後，我認同愛心、耐心、包容與和藹是良好親子互動的重要元素。做為父母的你具備了哪些呢？

當你不斷地抱怨你的小孩哪裡不好、哪裡不對的時候，是否想過自己有多好呢？

小孩是你生、你養的，當他做出你不希望出現的行為時，就是提供他一個新的學習機會。你的語氣要冷靜、誠懇；記得用你的愛心跟耐心來教他，用包容與和藹的態度來引導他。

要讓小孩子體會你的愛；當他知道在家庭裡可以得到足夠的愛時，他才不會隨便在外面找人愛。

有些父母親對我說，當他們見到小孩的一些不當行為時，就是會忍不住地想罵他們。《聖經》裡提醒人們「要慢慢生氣」；當你慢慢生氣時，你就會有多一點時間去思考，用更好的辦法來與小孩溝通。這是父母及老師都很受用的一個觀點。尤其是處於叛逆期的小孩，是會有很多點子讓你頭昏眼花；你更要有足夠的耐心，陪他度過這段必須經歷許多衝擊的時期。

包容也是非常重要的。尤其在孩子青少年時期，總會有各式各樣讓你

傻眼的行為。比方說，孩子可能會想要把頭髮剪得像是狗啃的，可是他卻覺得是流行；喜歡把頭髮染成你想都沒有想過的顏色，或是硬要把褲子挖個破洞。這時，應該包容他、體諒他這種想跟大家一樣或是跟大家都不一樣的心態。

所以，不要因為一點小事而破壞了你們的感情。事實上，有很多行為都是一時的；孩子不可能永遠把頭髮剪得奇形怪狀，也不可能永遠都想要穿著破褲，或是未來還染著紅色的頭髮去上班。所以，只要不會傷害自己或別人，我個人認為應該尊重孩子的選擇。想想自己年輕的時候，不也想要跟隨流行嗎？

當然，很多家長可能會擔心，若是都不提醒孩子，不就擺明放任他們？這的確是個值得思考的問題。

我要先提醒家長，跟孩子討論關於他的事情時先想想看，你跟他的關係有多好？有好到他願意聽你的嗎？會不會談過之後，他不只不改善，反而變本加厲？另一個重點是，當你要說他不好或不對時，回想一下你上一次何時說過他好？若是你每次開口就是要說孩子的不對跟不好，他應該不會太想跟你說話。

和藹的態度更是重要。你在成長的過程中，是否曾經做過一些事情，因為怕爸媽罵而不敢說？我相信，身為父母親的你，一定不希望自己在孩子眼中是這樣的父母親吧？從孩子小時候便一貫保持和藹的態度，是讓你的孩子願意跟你溝通的重要因素呵！

我相信，若是你能夠從小運用愛心、耐心、包容與和藹這樣的模式與孩子互動，你就不用擔心孩子不想聽你為他好的叮嚀；因為，你們之間的互動良好，他也就更能接受你的建議。所以，在父母親的愛心、耐心、包容與和藹澆灌下，相信孩子們更能順利地成長、茁壯。

爸媽的 HOME WORK

當你遇到孩子做的事情讓你很不開心、甚至氣得想打他的時候，請先深呼吸，然後假裝你今天生日吹蠟燭——吐氣；這樣的動作重覆五次後再來處理孩子的事。你也可以教孩子用這個方法來處理自己的情緒呵！

等你長大後就知道痛苦？

你是否曾經對你的小孩說過：「沒關係，等你長大後就知道痛苦！」

他當然會知道，因為你沒教他如何學習快樂，而是學習痛苦。

孩子小時候總是那麼純真可愛；可是，怎麼會越大越怪、越不開心、越讓人不瞭解呢？

你有沒有想過，我們在日常生活中，是怎樣一點一滴地教導孩子不開心的事多於開心的事？你是否教導他去思考不開心的事，勝過於教他如何讓自己開心？

或許你會說：因為我自己都不知道怎樣讓自己開心……

我相信，做父母或老師的都不會故意讓自己的孩子或學生過得不好，可是卻不小心地讓他們養成了不開心的習慣。

在學校的課程裡，同學曾請來一位精神科醫生Dr. William F. Pettit，他分享了很多他的經驗；其中有一個很重要的概念，就是重新設定你的心靈reprogram your mind。有些事情，我們都習慣性地擔心及負面思考；但是，越思考，這個想法就越佔據你的人生、越傷害你。

我們不止自己這樣，還常常灌輸我們的小孩這樣的思考方式。你是否曾經對你的小孩說過：「沒關係，等你長大後就知道痛苦！」他當然會知道，因為你沒教他如何學習快樂，而是學習痛苦。

所以，父母是否應該重新設定自己的思考方式，先讓自己養成正面思維的習慣，然後也教你的小孩多一點正面思考，這樣他們才能活得快樂。

爸媽的 HOME WORK

回想一下，你這星期大多是怎麼跟你的孩子說話？是溫和地交談，還是罵他、打他？若是妳的孩子做出你所不喜歡的行為，請用行為分析的技巧（詳見應用篇），分析他行為背後的功能是什麼（得到想要的、逃脫、避免、得到注意力）？

你的孩子快樂嗎？

許多家長都在努力栽培孩子，要他們學這個、學那個，可是我的美國同學卻很疑惑：奇怪，你們台灣來的小小孩，怎麼好多都皺著眉頭？他們看起來好不快樂呵？

有很多家長在孩子很小的時候就開始認真的幫孩子規畫他們的未來。當這些家長跟我談論他們要怎樣栽培他們的小孩、以及考慮怎樣的未來才會讓他們的孩子有出息時，我常會反問這些家長：「你的小孩快樂嗎？」

聽懂的家長，後來往往會修改他們的計畫；因為他們發現，不管孩子接受多麼好的教育或是學了多少才藝，如果他們不覺得快樂，這樣的安排便失去了意義，也並非家長的本意。

想想看，你為何希望孩子受最好的教育，又要學很多才藝？或許是因為你希望孩子可以因他們自己的表現而感到快樂吧？可是，當這些事情已經變成壓力、而不會讓孩子們覺得開心時，是不是已經本末倒置了？

在努力栽培孩子時，千萬不要忽視他們對快樂的需要；否則，就像我幾個好朋友的小孩給我美國同學的印象是：奇怪，你們台灣來的小小孩，怎麼好多都皺著眉頭？他們看起來好不快樂呵？難道他們的父母不關心嗎？

我心虛地對我同學說，在我生活的社會裡，大部分的家長比較關心的，是他的小孩能不能認真學習、高人一等；我比較少聽到父母希望自己的小孩比別人快樂的……

用心良苦、努力栽培下一代的家長們，讓我們的下一代在快樂中學習真的很重要；沒有了快樂，再有成就都可能毫無意義……

爸媽的 HOME WORK

觀察一下，你孩子常常有笑容嗎？還是面無表情？甚至皺眉頭？請記錄：你的孩子都在怎樣的情境裡有笑容？怎樣的情境不快樂？平時請在孩子開心笑的時候也對他笑，肯定他快樂的情緒。

你還騎著三輪車嗎？

想想看，當你的小孩擁有賓士車的配備時，若是當父母的我們沒有跟著他們一起進步，不就像騎著三輪車在追趕賓士車嗎？

我常在演講時把我們這一代的父母比喻成「三輪車」世代。

我們父母的那個年代物資缺乏，所以母親在懷孕時沒有像現在有這樣多的營養品可以補充，對胎兒也並沒有所謂的胎教；生下我們以後，大概也都是照祖先的古法來養，很少注意到充分的營養或是良好的學習環境。所以，我們的配備就像是三輪車。

可是，我們所生出來的這一代新新人類，可都是天之驕子或驕女呵！

打從娘胎起就有胎教，母親也有很好的營養補充品；孩子生出來之後，就有一大堆的奶粉及米麥精等營養補充品，來協助他們發展腦力、體力；坊間還推出了許多幼兒教學影帶。所以，我比喻這一代的小孩是賓士車的配備。

想想看，當你的小孩擁有賓士車的配備時，若是當父母的我們沒有跟著他們一起進步，不就像騎著三輪車在追趕賓士車嗎？因此，當許多家長做了很多努力來避免小孩輸在起跑點上時，更要反觀自己：是不是輸在起跑點上的家長？因為，當小孩具有優勢、可以好好發展時，父母的教育方法也要跟著時代進步；否則，你將會變成阻擋孩子以其優質能力往前跑的阻力之一！

所以，除了安排孩子學習的同時，不要忘記自己也要隨時學習如何與他們互動、以及合適他們的教育法！

爸媽的 HOME WORK

你跟你孩子互動的方法，大多是來自你以前父母教你的方法？還是跟朋友學的？或是看書學來的？你曾經參加過任何親子互動的課程嗎？請再試著閱讀其他的親子教育相關書籍。

想教育孩子，為什麼不看書？

有些家長寧可花時間在罵小孩上面，卻不知現在早就有至少一百種以上可以協助小孩子的方法，根本不需要打罵。

我常在想，若是現在人家給你一條豬要你把牠養大，沒有經驗的人應該會想買本書來看看該怎麼養、或是請教別人要怎樣養、或是上網查資料，這樣才會知道該如何照顧豬的吃住等細節。

但奇怪的是，我們明知道養小孩其實比養豬還有更多細節要注意，可是買書來看的人卻不太多。

其實，養小孩有很多的黃金時期，若是好好把握，對於小孩子的智

力、生活習慣以及人際互動的教育，都會有良好的效果。可惜，有些家長寧可花時間在罵小孩上面，卻不知現在早就有至少一百種以上可以協助小孩子的方法，根本不需要打罵。何況，打罵小孩常只有短期的效果，讓這些不被期望的行為暫時停止而已，一點都無法矯正；而且，打罵小孩還是一種非常負面的語言與行為的暴力示範。

我非常建議家裡有小孩的家長們，有空到書店逛逛，看看最近出版的書裡有哪些教養小孩的新理念；有些新方法真的能協助教養小孩，讓你事半功倍。試試看吧！我們的社會在變、小孩在變，教法當然也要跟著變嘍！

也有家長可能是因為很困惑、不知道怎樣的書才是值得看的，所以就乾脆不看書；免得照做之後才發現根本不實際，白白浪費了時間。

我覺得並不需要迷信暢銷書。雖然暢銷書的確有其重要的地方；但更重要的是，必須是你看了之後認同，並覺得自己有能力可以一步步地跟著做，這樣的書才是適合自己的。

身為一個現代人，獨立的思考能力是很必要的。若是你在這方面真的涉獵不多，不清楚哪種書可以幫助你，不妨上網去看其他人對某本書的評價，正反兩面都加以參考；當然，最後做決定的還是你自己嘍！

事實上，我個人認為，教育小孩子的方法有千百種，沒有哪種一定最好；因為，只要合適，便是最好的。應用行為分析論中，「觀察技巧」之所以那麼重要，就是因為不管施行哪一種教學方案，執行者都可以使用觀察技巧來瞭解學習者的行為是否如同預期的增多或是減少？或是觀察你的孩子，是真的傷心地哭，還是為了控制你而哭？

千萬不要執著地硬要完全按照書上寫的來執行；因為，作者在敘述情境時，並沒有辦法鉅細靡遺地將所有可能情形都包含在內。

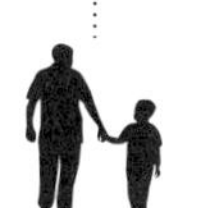

我個人建議，如果家長有足夠的時間，可以先涉獵一些兒童心理學或兒童發展的相關書籍，培養基本概念；因為，這類書上的理論都有一定的依據，而且有些觀念百年來的變動幅度不大，比起某些暢銷一時的書更值得參考。

有了基本的概念後，您就能站在比較客觀的立場來教導小孩；在閱讀相關的教養書籍及資訊時，也能更理性地判斷適不適合用在你的小孩身上，而進一步加以抉擇。

爸媽的 HOME WORK

回想一下，從你的小孩出生到現在，你花多少時間閱讀有關親子互動的資訊與書籍？檢視你現在使用的方法，是否可以輕鬆地讓孩子的大部分行為都自動自發？並請再上網參閱有關動機的文章。

都是短視惹的禍

家長往往只在意——他們對孩子使出霹靂手段後，小孩的「不良」行為有沒有立即消失；完全不管所產生的後遺症有多大，影響有多深遠；也不管那個看似消失的行為，是否轉換成另一種形態出現。

我常覺得古人有很多有智慧的話語。比方說「短視近利」這句負面意味的成語；在我們的人生及周遭，便往往可以見到「短視近利」造成的後遺症。

就拿教育來說吧！教育最難的地方是：你覺得正確的措施或行動，若沒有想得長遠，只是短期的頭痛醫頭、腳痛醫腳，久了之後又會產生新的

問題。所以你會發現，我們的教改永遠怨聲四起，就是因為沒有把人的感覺、心理以及未來的變數都加以考量，因此很難作好。

我常跟家長討論教養小孩的方法。有時候，聽到某些家長的作法簡直讓我跌破眼鏡，不知道該說些什麼。

很多家長習慣用欺騙的方法來嚇小孩，讓孩子因害怕而放棄他們要求的東西。

有些家長則是幫孩子把所有事情都安排好，因為他們覺得這樣可以幫小孩節省很多時間。

更有家長乾脆替孩子打理生活起居，免得小孩沒作好，還是得父母在後面跟著收拾。

還有家長總會用自以為是的方法來處罰孩子，以為這樣孩子就會記住教訓。

家長往往只在意：他們對孩子使出霹靂手段後，小孩的「不良」行為有沒有立即消失，卻完全不管所產生的後遺症有多大、影響有多深遠；也不管那個看似消失的行為，是否轉換成另一種形態出現。例如，在您處罰孩子之後，他再也不跟您頂嘴了，因為他根本不願再跟您說話；或是他再也不打弟弟了，但是卻變得會摔東西。

教育有時候是要將心比心地多用客觀的態度，多加思考。若是家長願意多花一點時間，在決定如何對待小孩以及與小孩互動時多想一下後果，像是一星期後的後果、一個月後的後果、半年後的後果……我想，短視的教育法便會比較少發生。

我投入教育領域已經快十年了，我訂立學生的行為方案時還是很少立刻下決定；我會在腦海裡沙盤推演，然後跟我的同事進行再確認。因為，行為的塑造一旦沒處理好，不只事後要花更多時間矯治，而且有時候會對學生的心理造成負面的影響。

除了閱讀相關書籍之外，我也很建議大家上網參考別人的方法。我說「參考」，是因為每個小孩都是不同的個體，別人的鞋未必合適您的小孩；所以，可以將別人成功的方法當作參考的資源。在閱讀網路上的資料時，也瞭解一下作者的背景，斟酌其說法客不客觀；或是多讀幾篇，然後將這些方法稍微想像一下，看看適不適合您的小孩。

總之，三思而後行，對於下一代的教育才會有更多好處。

爸媽的 HOME WORK

你的小孩有沒有某些行為一再出現？雖然可能只是短暫的一下子，可是過沒多久又出現類似的行為？請採取應用行為分析論的ABCs技巧（請見「應用篇」），來分析是哪些前因刺激這些行為的發生，又是哪些處理的後果令這些行為不斷發生？
此時，表示你之前的方法應該不太合適，所以可能要使用其他方法來協助孩子改善行為了。

....

....

....

....

....

....

....

....

....

....

....

....

老覺得自己的孩子不夠好？

我的學生大部分都是有自閉症的學習者，有的嚴重，有的輕微；有的有暴力傾向，有的會自言自語……您若是覺得自己的孩子不夠好，建議您來看看我的學生、看看他們的父母，您就會知道，自己其實很幸福！

很多人總愛嫌自己的小孩不夠聰明；其實，這是很奇怪的邏輯。小孩是您生養的，他不夠聰明，怎麼能怪他呢？他沒怪您已經很好了！

有些人則會嫌生活過得不好，不夠輕鬆。如果您有這種想法，不妨來看看我的學生及家長們。

我的學生大部分都是有自閉症的學習者，有的嚴重，有的輕微；有的有暴力傾向，有的會自言自語；有的聰明到讓您無法跟他對話，覺得騎虎難下；有的可愛到讓您覺得天使也不過如此，但他就是不會說話……

在我的眼中，他們都是寶貝；但是，在他們的家庭裡，他們的確會讓家人心力交瘁；若不是很有耐心跟愛心，真的很難陪伴這樣的小孩。而且，更令人擔心的是，一旦沒有接受合適的協助，等孩子到了青春期之後，由於變高、變壯了，家長要繼續帶這樣的孩子，就顯得更加吃力了。

我對於學生的家長們都很尊敬；我覺得，我們再怎麼認真都沒有他們來得辛苦！我們即使一天工作十二小時、一星期工作五天，總還有許多休息的時間；可是，這些作家長的卻沒有片刻可以休息，時刻都得為他的孩子操心。

所以，您若是覺得孩子不夠好或是生活過得不好，建議您來看看我的學生、看看他們的父母，您就會知道，自己其實很幸福！

爸媽的 HOME WORK

你最近稱讚你孩子的句子多？還是覺得他不夠好的時候多？請寫下你希望孩子改善的兩件事，將你的期望告訴他；每次只要他大致做對了，便給予稱讚。你將會發現，你期待的行為會越來越常出現。

怪力亂神騙小孩？

「外面有『魔神仔』，你出去的話，會被吃掉！」「你不睡覺，虎姑婆會來吃你呵！」被這樣嚇大的小孩其實會很沒安全感……

記得我小時候，長輩們為了方便讓我們乖乖聽話，會用一些怪力亂神的說法來哄騙我們。

比方說，他們不希望我們晚上跑出去，就會說：「外面有『魔神仔』，你出去的話，會被吃掉！」

若是不睡覺，他們可能會說：「你不睡覺，虎姑婆會來吃你呵！」

我想，很多人對這樣的話一定都不陌生；所以，當他們自己有小孩之

後，他們也會用這樣的話來哄騙小孩。

不過，被這樣嚇大的小孩其實會很沒有安全感；因為，那種鬼怪的印象會一直烙在心中，見到黑暗可能就會聯想到鬼怪。其實，小孩子懂的事情遠比大人想像的還多；大人老用哄騙或「恐嚇」的方法，只會教出沒有安全感、以及不信任父母的下一代。

此外，當您的小孩有一天開始說謊的時候，您也不要感到訝異；因為，是您在他小時候使用那種不切實際的方法欺騙他們，成為他們說謊行為的啟蒙與示範。

千萬不要用雙重標準看待您自己和孩子的說謊行為，自以為您說的都是善意的謊言，小孩則是惡意欺騙。他們小時候哪裡分得出善意或惡意呢？他們只知道，大人不想讓他們做的，就會使出怪力亂神加威脅的手段；因此，長大以後，他們不想讓您們知道的，自然也會來個善意的隱瞞加欺騙。

我在協助父母教養幼兒時，都會建議他們，不管孩子多小，有很多事情都要一邊做、一邊跟他們講解；聽得多了，他們就能理解了。同樣地，不希望孩子做的事情，也可以將您的理由——是基於安全考量或其他合理的緣故——解說給他們聽。

現在的小孩真的很聰明，應該將他們當作大人一般尊重及教育。目前，教育界及心理學界已研究出相當多教導孩子的方法，家長們都可以參考運用。請大家務必用成熟的態度對待您的小孩，這樣他們才會發展出健康的人格。

爸媽的 HOME WORK

當你的孩子不願聽話時，你是用恐怖的事情嚇唬他，或是使用應用行為分析的技巧、耐心地跟他講解？
請用ABCs記錄孩子何時、何地、什麼對象、什麼事情讓他不配合？找出孩子不配合的原因，瞭解孩子是因為不知道如何配合、或是沒有能力、或是缺乏動機配合？再依不配合的原因引導孩子。

要尊重孩子

我認為老師的角色就是協助學生學習的人，我只是比我的學生學得早、學得多，但不代表他不如我。

我想，老師與家長非常需要注意的一點是：要尊重我們的學生或小孩，就像你尊重其他成人一般。

在我們的社會裡，孩子的人權總是容易被忽略。很多人可能覺得，這些小不點不過就只是個孩子，大人為什麼要對他們以禮相待？但是，在我的眼中，小孩子也是一個個獨立的個體，有感覺、有情緒、有思考能力，他們也可以是我的老師、我的朋友。

教學的這些年來，我認為自己的角色就是協助學生學習的人；我只是比我的學生學得早、學得多，但不代表他不如我。所以，我對學生總是非常客氣；「請」、「謝謝」、「對不起」、「麻煩你」等用語，都是我常常掛在嘴邊的。

其實，「聞道有先後，術業有專攻」；當老師的只是此時在某個主題上會的比學生多一些，學生也有些拿手的項目或知識是我們不懂的。他們年紀雖然小，我們卻不能小看任何一個人；再給他們十年或是二十年，他們未來說不定會是傑出的科學家、工程師，優秀的老師或是偉大的父母。所以，不要老是認為你的學生不如你或是矮化你的學生；我想，尊重每個人都是很重要的，不論他是誰。

我的一些學生雖然年紀很小，但是他們自尊心很強；所以，當你讓他們很丟臉的時候，他們會加倍回報你——故意使壞，讓你對他們很頭痛，

因為你傷到他的自尊心。所以，對小孩要跟對待成人一樣地尊重，因為他們也有自尊心、也愛面子。

我們應該常常想到孔子所說的：「己所不欲，勿施於人。」只要你不希望你的老師或是你的父母這樣對待你，就不要這樣對待自己的學生或小孩。每個人都有尊嚴，那是不分年齡的；只要多一點地將心比心，你的學生跟小孩就會很愛你、很尊敬你。請給你身邊的小孩多一點尊重；只要多一點尊重與關心，他們會因為你而不同。

爸媽的 HOME WORK

你最近有對孩子做出你不希望別人對你做的事情嗎？寫下你最近一星期內對孩子所做的、你不希望別人對你做的事情（比如對他說話大小聲、當別人面前說他的不對），並寫下你希望別人怎麼待你，請你也這樣對你的孩子。

孩子聽得懂嗎？

有些家長會擔心，他們要求孩子時，孩子好像似懂非懂，或是孩子不會完整地表達自己要什麼。這該怎麼辦？

我的好朋友有一天打電話來跟我說：「天啊！我兒子才一歲多，他真的知道我跟他的條件交換耶！」他接下來便說明經過。那天，他那一歲半的兒子想去廚房看媽媽做菜，可是已經到了他的洗澡時間；所以，我朋友便帶他去浴室洗澡。不過，小孩坐在浴盆裡一副不開心的樣子；除了啜泣外，還拒絕洗澡。

後來，我朋友想起我說的一些原則，就對他兒子說：「你先好好洗完澡，洗好後就可以到廚房去看媽媽煮飯。」他說，他兒子一聽到「廚房」這兩個字，就開始自己動手洗，還洗得很認真，讓我朋友當場傻眼：小孩真的聽得懂耶！我告訴他，小孩本來就聽懂啊，他們只是還不能具體完整地清楚說出他們的想法罷了。

有些家長會擔心，他們要求小孩時，孩子好像似懂非懂，或是孩子不會完整地表達自己要什麼。所以，我們在設計教案時，常會使用很多圖片協助還無法完整表達自己的意願或想法的學習者來與我們互動；可以使用圖片明確地讓學習者知道我們對他的期待，以及當他可以完成我們的期待時所能得到的結果。

我們會設計一種上面有兩個空格的卡片，前面一個空格的上面寫著「先 First」，第二個空格則是「然後 Then」。我們把想要他做的事情作成圖檔後剪下來，然後貼在第一個空格上，並把他可以獲得的結果貼在第二

個空格。

第二個空格的結果，在某些情況下，也可以讓學習者自己在所列圖檔上選擇他想要得到的。小孩子常常喜歡自己選擇；只要他所選的是在你所希望及允許的範圍內，大可以放心地讓他們自己選擇。

其實，與孩子的互動方式成千上萬，而有效的互動可以節省很多不必要的挫折與時間。當然，前提是，不論各位爸媽使用哪種方式對待孩子，都要像是對待成人一樣地尊重他們，千萬要說話算話，這樣才能建立起有效的教養品質與良好的親子關係！

爸媽的 HOME WORK

觀察你自己，有沒有經常在孩子面前向其他人數落他的不是？若有，請您調整你的習慣呵！請儘量在你小孩面前向其他人敘述他做得很棒的事；若你真要責備你的孩子，請私下跟他討論。

誰教孩子撒謊？

很多大人都誤以為小孩子不懂事，所以做父母的撒謊沒關係；卻不知道，小孩子的言行就在大人的哄騙下成形了。

很多家長常跟我抱怨他們的孩子有撒謊的習慣，他們很氣憤地說：「怎麼會說謊呢？我從來沒有教他這樣做呀？」

其實，嚴格來說，孩子之所以會撒謊，有可能是從小就看著父母示範如何撒謊。

父母常以為，反正小孩子不懂事，偶爾哄哄他們，小小地撒個謊、圖個方便應該沒關係。所以，當小孩哭鬧時就欺騙小孩說：「你再哭，警察

（或是壞人）就會把你帶走呵！」甚至在台灣的學校裡，我也聽過老師對學生說：「你再不寫功課，就讓警察帶你去警察局。」諸如此類哄騙式的威脅，比比皆是。

這算不算在示範說謊給小孩子看？很多大人都誤以為小孩子不懂事，所以做父母的撒謊沒關係；卻不知道，小孩子的言行就在大人的哄騙下成形了。

就如同我一位已為人父的好友說的，小孩子會慢慢學會用說謊來應付他處理不來的情境；就好像是那些不知該如何處理不願配合的學生、而只好說謊的老師，以及不知該如何處理哭鬧的小孩、只好哄騙的家長……

我聽過我好朋友告訴過我，他那被哄騙長大的小孩，因害怕拿回來的成績又不如哥哥而說的謊言，真的教人歎為觀止。這孩子擔心他考試的成績不能讓父母滿意，當考卷拿回來時，就跟媽媽說：「媽，這不是我的考卷啦！不知道誰在這考卷上寫了我的名字，結果老師就認為這是我的考卷……」這孩子才國小一年級呢！

小孩子並不一定是因為害怕家長打罵而產生說謊行為，朋友的這個孩子並不怕我朋友打罵；他怕的是他不如他優秀的哥哥。因為，我朋友總會拿這孩子的成績跟他哥哥比：「哎呦，你哥哥當年都是考滿分耶……」

我想，老師及家長在要求小孩誠實時，都應該以身作則吧！否則，真的很難讓你的孩子信服；尤其現在的小孩相當冰雪聰明，而且還會有樣學樣呢！

爸媽的HOME WORK

檢視一下你自己，最近一星期內，是否有在小孩面前說謊，或哄騙你的小孩；或是為了方便，當著你孩子的面向你的朋友或是其他家人說謊？

孩子的角色範本

有一位父親，只要小孩子不聽話就大聲吼叫，後來小孩也用吼叫回應。所以，每位家長都要很小心你的一舉一動、一字一語；因為，不論小孩有多小，你的一言一行都看在他們眼中……

在美國有一個節目叫做「Nanny 911保母911」，主要是針對有些親子關係很糟的家庭，像是父母管不了小孩、母親控制欲強到影響小孩的正常成長、或是父母親不知道如何教導小朋友的生活秩序……等等問題，他們就可以尋求協助。在這節目裡面，有幾位擁有十多乃至二十多年經驗的保母，就會利用一星期的時間來協助求助者。

在節目裡面，這些保母都會先跟家長們溝通，追根究柢；有時候，其實就是父母作了很多的負面示範而不自知。比方說，有一次的狀況是：有一位父親，只要小孩子不聽話就大聲吼叫，後來小孩也用吼叫回應。但是，因為父親比較強壯，所以他就會一直吼，要小孩安靜地聽他說；若是小孩不從，他就把他捉起來壓在沙發上，甚至做出威脅要毆打小孩的動作。

其實，旁觀者清；我們一看就知道，這父親在示範大聲吼叫而且暴力的行為，卻要自己的兒子溫文儒雅。要知道，父母的一言一行，就是孩子的 role model 角色範本。

節目的專業保母便要求這位父親改掉吼叫的習慣；父親卻說：「我沒有吼叫，我只是大聲說話。」但問題就在於，不論是大聲說話或是吼叫，一點兒都無法改善他兒子的暴力行為。他後來終於願意接受資深專業保母的建議，多跟小孩相處，並在相處過程中多鼓勵他兒子的正面行為。如此一來，反而有了很好的效果——在他開始顯現柔和的一面後，他的兒子也開始模仿溫和的表達方式。

所以，每位家長都要很小心你的一舉一動、一字一語；因為，不論小孩有多小，你的一言一行都看在他們眼中……

爸媽的 HOME WORK

觀察並寫下你所不喜歡的、孩子所做的行為，然後再觀察並寫下你自己是否有類似的言行舉止？

為何小孩越來越不配合？

有的家長為了一時方便，順口答應小孩的要求以得到孩子的配合，事後卻有意無意地忘記了。可是，你忘得了，小孩可忘不了啊！

許多家長往往會發現，他們的小孩怎麼越來越不配合父母的要求？當然，小孩子不配合牽涉到很多的變因；不過，有些個案經過我的觀察跟訪談後，發現是家長跟小孩的互動方法出了狀況。

比方說，有的家長為了一時方便，順口答應小孩的要求以得到孩子的配合。然而，家長事後想想，這樣的要求其實是他們無法辦到的；而且小孩已經配合了，所以他們就把這樣的事情有意無意地忘記了。

可是，你忘得了，你的小孩可忘不了啊！當他們年紀小時，可能還不知其所以；年復一年之後，他就看出你是個不守信用的父母。就算是再笨的小孩，難道還會讓你一而再、再而三用同樣的方式欺騙嗎？如同我們每個月幫我們的老闆努力工作，可是老闆就是不給你薪水，請問你還會相信你的老闆嗎？若是你不會相信，你怎麼要求你的小孩相信你呢？

而且，人的大腦有連結過去往事的能力。當你還要繼續跟孩子以條件交換的方法來要求他們配合時，他的腦袋裡面常常會連結過去你欺騙他們、不守信用的畫面；接下來，他們的情緒多少會產生怨恨、憤怒的反應。

所以，他們有時候越來越叛逆不是沒有原因的；可是，因為他們沒有學過心理學，所以無法很具體地將自己抽象的情緒轉換成語言或是文字。久而久之就會發現，你跟小孩的距離越來越遠了！

家長是孩子的模範；當我們希望教出誠正信實的下一代時，請家長自己也要做到誠正信實。身教永遠是最好的老師！

爸媽的 HOME WORK

寫下你答應孩子的事情，將你有做到的打勾；請檢查一下，你對你孩子開出的支票是否都兌現了？若是你常常爽約，是否會發現，當你提出條件要跟你孩子交換時，你的孩子越來越不願意跟你配合？你該如何改善？

孩子的模仿秀

我喝水時，習慣直接拿著寶特瓶往嘴巴灌；想不到，在一旁的外甥竟然要把他的奶瓶蓋轉開，因為他要像我一樣用灌的。

模仿是孩子成長過程中非常重要的學習機制；需要藉由這樣的能力，孩子才無須讓大人每件事情都一一教起。

雖然大家都知道模仿的重要性與影響力；可是，家長們真的知道孩子的模仿能力有多強嗎？

就以我的小外甥為例吧。有一天，我正在看電視，電視正上演著小孩子在課堂裡搗蛋尖叫的鏡頭；他在看到電視裡的小朋友尖叫後大約兩三

秒，馬上就對著電視螢幕尖叫，而且非常開心地看著我。

我因為受過訓練，所以對於他這樣想要引起我注意的尖叫，便故意不去理會，假裝埋頭寫字，但我用眼睛的餘光觀察他；他那種想引起注意的行為，在看到我沒有反應之後，就再也沒有發生了。

還有一次，因為我喝水時習慣拿著寶特瓶就往嘴巴灌；想不到，在一旁的外甥竟然要把他的奶瓶蓋轉開，因為他要像我一樣用灌的。當場嚇得我趕快去拿杯子來喝水。哈哈，小孩子真的是大人的鏡子啊！

我在美國時也發生了同樣的情形。我有一個具自閉症特質的六歲學生，平常我們都以為他不理會別人、不注意別人；可是，當他見到我直接拿起寶特瓶喝水時，那天他也不想用茶杯喝水，然後學我拿起瓶子直接灌。

當我見到他拿起瓶子喝水時，我覺得不合適，所以直接伸手要阻止他；他竟然給了我一個很難得的眼神接觸（很多具有自閉症特質的學習者是不跟其他人四目交接的，我學生也是這樣的學習者）。他認真地望著我，彷彿用眼睛對我說：「咦？妳不是也用瓶子喝水嗎？」我當下有點尷尬，因為是自己的示範讓他有樣學樣的。

另一件讓我印象深刻的事情是，有一回，我的母親把浴巾甩到肩膀上要拿出去晒；幾秒鐘內，我那一歲五個月的外甥馬上如法炮製，順手拿起他的小毛巾就甩在肩上。這樣的行為，看在我這學教育的人眼裡真的是歎為觀止啊！

所以，千萬不要低估小小孩的模仿能力，你的一言一行都會被他們拷貝呵！

爸媽的 HOME WORK

檢視一下，孩子這星期有沒有發展出一些你並沒有教他的新行為？若有，表示他正在觀察你以及身邊的人，並使用他的模仿能力在學習。你可以善用他的模仿能力，讓他陪你一起做家事或學習閱讀等好習慣。

矛盾的教育觀念

有一個女性朋友常在其他小孩面前數落她自己的女兒。我朋友就對她說：「請尊重妳女兒，不要在眾人面前讓她難堪比較好。」想不到，這位女性朋友卻不在意地說……

我身邊一些有小孩的朋友，在我的影響之下，慢慢地使用對待成人的方法對待小孩、尊重小孩；所以，當他們見到其他朋友欺騙或是恐嚇小孩時，我的朋友們就會跟對方分享，希望他們把小孩當作成人對待。

我的好朋友跟我提到一個他遇上的例子。他有一個女性朋友常在其他小孩面前數落她自己的女兒，我朋友就對她說：「請尊重妳女兒，不要在

眾人面前讓她難堪比較好。」

他這位女性朋友卻不在意地說：「哎呀！她才一歲多，懂什麼啊？」我的好朋友接著又說，每次當小女孩不肯睡覺時，她的媽媽就會嚇她：「妳不睡覺的話，可怕的蛇就會跑進妳的衣服裡去咬妳唷！」

她的小孩因為很害怕，所以就會趕快睡了。我朋友不解地對我說：「天啊！她怎麼可以這樣嚇小孩？」

我說，那樣的教法不只不合適，而且她的想法有點矛盾。她一方面認為，小孩子年紀那樣小什麼都不懂，所以在別人面前數落她也沒關係；可是，若是她覺得小孩不懂，又怎會用這種恐嚇的方法來強迫她女兒睡覺，小孩又怎會因為怕蛇咬她就乖乖睡呢？

類似這樣對待幼兒的做法其實很普遍。當您在教育孩子的時候，不妨想一想，自己是否也使用了想法矛盾的教育方式而不自知呢？千萬不要以

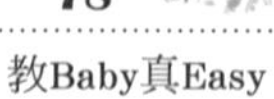

為小孩子還小、不會懂；一旦等他懂事，知道父母原來只是嚇唬自己，孩子還會信任你嗎？

爸媽的 HOME WORK

思考一下，這星期你跟你的小孩的互動，是把他當作一個被尊重的個體，禮貌、溫和地對待他，還是威脅、嚇唬他？

教孩子收拾玩具

當你跟小孩說「把玩具好好收起來」時，幼兒卻很疑惑：怎樣才叫做「好好收起來」？怎樣才叫做「收拾整齊」？

我的外甥才二十個月時，收拾自己玩過的玩具早就是每天的例行事項；因為，這是學習自我管理的好機會——自己玩過的玩具散落得亂七八糟，當然要自己好好管理、放回原處嘍！

不過，因為幼兒有時候對於大人敘述的動作及標準會弄不清楚，所以我都會提醒家長要示範他們所期望的行為給小孩看。當你跟小孩說「把玩具好好收起來」時，幼兒可能很疑惑怎麼才叫做「好好收起來」？怎樣才

叫做「收拾整齊」；因此，大人若是可以在旁示範，這樣就會很具體。幼兒瞭解了你的意思之後，就知道該怎樣做了。

千萬不要對小孩子大吼大叫地說他沒收好，還抱怨說已經講過幾百次，他們就是不會做。當你發現孩子的表現老是跟你的期待有差距時，不應只是單方面的責備孩子，其實有可能是你們之間的認知有差距。

所以，請家長在發出指令後，一定要把你所期待的作法示範給孩子們看；必要時，甚至可以將整理好的東西拍照後貼在玩具擺放所在的旁邊，讓他們一開始要建立這樣的行為時，便能很容易地看見你的期待嘍！如此一來，應該可以省去很多家長與小孩因相互誤解而生氣的時間。

爸媽的 HOME WORK

孩子玩過的玩具，都是你幫他收拾，還是你們一起收？若是孩子還很小，可以讓他一次拿出一兩樣玩具；玩好之後，你可以抱著他一起把玩具放回去，然後再選擇下一個要玩的玩具。

讓孩子一直「可愛」

我有不少朋友總是抱怨，他們的小孩明明小時候那樣可愛，怎會長大後變得讓人覺得「束手無措」……

有很多家長問我，我們老是用獎勵品跟言語的誇讚來教小孩，會不會讓他們沒了這些外來的東西就不學習了？

我在〈讓鴿子最瘋狂的增強計畫〉（見「應用篇」）一文中提到，增強用的獎勵品是應該漸漸地淡化 fading，而且從持續性的增強，過渡到中斷性的不固定比率增強。然而，最終的重點是，我們要讓學習者學會自我管理，因為他們不可能身邊總是有人為他們加油打氣及管理他們。在學習者漸漸確立行為後，我們便須開始讓他們自己使用獎勵品規畫自己的行事。

我自己也會使用這樣的管理方式。我當然也有一些不喜歡做的事情；所以，我會要求我自己先做一小時這些不喜歡的工作，然後我可以作十五分鐘我喜歡的事，或是吃點我愛吃的東西。

我想，這社會已經不再只是聰明的人才能活得自在；而是瞭解自己、知道如何自我管理的人，可以讓自己的生活更自在而不影響大局。

我有不少朋友總是抱怨，他們的小孩明明小時候那樣可愛，怎會長大後變得讓人覺得「束手無措」；有的玩電腦或是打電動玩得不眠不休，無法克制自己；有些在學校完全無法照常上課或趕上進度，因為上網讓他們花掉太多時間。

若是當初能教導小孩們學會自我管理，我想，他們失控的情形應該是

可以避免的。所以，從小教導孩子學會自我管理真的很重要；他們年紀小時，你還管得動他們；當他長大以後，你就再也沒辦法教他了。

請在你的孩子小時候多費點心，他們就會一直「可愛」下去的。

爸媽的 HOME WORK

當孩子所建立的行為漸漸穩固了，便逐漸減少提示他的次數；當他獨立完成這些事情時，請鼓勵他，讓他漸漸養成自動自發的習慣。

不要小題大作

當孩子「行為生病」時，若是小症狀，父母就儘量不要大驚小怪吧！其實，只要你不過於注意，他過一陣子就不會再這樣了。

當我們只是感冒、流鼻涕時，醫生絕對不可能一次開四十顆猛藥或開刀；因為，猛藥跟重大的處理方式，是留著萬一有嚴重症狀時才用的。而當我們有點小感冒、小病痛時，因為身體有自癒的能力，我們甚至會讓身體自己恢復。

同樣地，當我們的小孩「行為生病」時，若是小症狀，父母就儘量不要大驚小怪吧！其實，小孩子某些不適當的行為，只要你不過於注意，他

過一陣子就不會再這樣了。像是頭髮的顏色、衣著等，這些都是小事，他們不可能永遠都把頭髮染成紫色、永遠喜歡在家又叫又跳。

兄弟姊妹間有一點小口角，也不須大驚小怪，儘量把注意力放在你希望他們表現的行為；幾次之後，他們便會瞭解，怎樣的行為會引起你的注意。

所以，小孩只是吃飯的姿勢不是很好、吃東西的樣子你不喜歡，或是不小心弄壞一點東西，你不需要厲聲斥責。

若小孩年紀還小、做的事情有危險性，你應該快速地到他身邊，用不會傷害他的方法擋住他的手、停止他的危險動作，而且表情嚴肅，藉此讓他知道事情的嚴重性，而不是大聲叫罵。

你的一言一行都是小孩學習的榜樣；想要求你的小孩成為一個文質彬彬的文明人，便要先從要求自己的行為開始。

爸媽的 HOME WORK

你是否花很多的時間在告訴你的小孩該做這個、做那個？ 想想看，是不是有比一直用嘴巴提醒他們更合適的方法？請寫下有可能讓孩子有動機配合你的方法，然後執行看看。

獎勵「行為」而不是獎勵「人」

當小孩子完成了某件事情，家長原本可能會跟小孩子說：「你真是太聰明了！」但是，我們會比較建議家長改用其他讚美法……

稱讚小孩「好聰明」的結果，在我們的許多研究報告裡顯示，有許多副作用。

最常見的就是，小孩子太把聰明當成他們最重要的價值。所以，當他們遇到困難或失敗時，就誤以為自己不聰明，便因此無法面對他們的失敗——有的則是乾脆不要嘗試，因為這樣就不會失敗了；或者，乾脆隱瞞失敗。

因此，這些年來，我們建議教育工作者跟家長們，儘量獎勵小孩的行為而不是小孩子本身。換句話說，當小孩子完成了某件事情，家長原本可能會跟小孩子說：「你真是太聰明了！」但是，我們會比較建議家長鼓勵時使用「我真的很喜歡你完成這工作的努力」、或是「你完成這件工作的方式真的很有創意」之類的話語。

從許多研究以及我們實務運用的經驗得知，我們在使用獎勵這項技巧時，比較偏向獎勵該項行為，因為行為是可以控制的；如果這次失敗了，可以藉由下次更認真、更努力來達到目標。

但是，一旦讓小孩誤以為他以前的成功是因為他聰明，當他失敗時，就會以為這表示他不聰明了；而聰明或不聰明，這是很難在短期內就改變或是控制的。小孩子可能會因此沮喪，而拒絕再嘗試，或是對自己失去了信心。

因此，我們大力建議家長，當孩子表現好的時候，還是儘量獎勵行為本身，而不是對人做出評價。

爸媽的 HOME WORK

你在稱讚你的小孩時，你是針對他的行為鼓勵他說：「你這工作作得很讚！」還是對他這個人說：「你很讚？」請寫下可以稱讚孩子的話；請注意，要將稱讚放在可控制的因素，比如：「哇！你這『工作』實在做得太好了！」「你這件『作品』好有創意呵！」

你還在打罵孩子嗎？

很多家長小時候被父母打罵的時候，也痛苦得不得了；可是說也奇怪，等自己有小孩時，卻認為打罵真的是很有用。

我讀過一本談父母效能方面的書，其中有一段真的是發人深省。有一些父母因為缺乏教養孩子的知識與技能，所以只會用咆哮、打罵甚至更過分的方式來約束小孩的行為；該書作者斬釘截鐵地認為：「這當然不是處罰，因為這是一種暴虐的行為。」

因為父母沒有教小孩的技能，在困難無助時便用一些暴虐的行為來傷害自己的小孩，這對孩子是不公平的。家長們不妨想想看，你在教育孩子

時，是教導他的時候多或是處罰的多？不要以為只是念念他們而已，誰都不喜歡被念，碎碎念有時候也會變成一種「言語暴力」呵！

很多家長小時候從自己父母的「示範」中，學習到很多打罵的方法來教育小孩。雖然當年被打被罵的時候，自己覺得痛苦得不得了；可是說也奇怪，等自己有小孩時，卻認為父母當年那樣的打罵，真的是很有用。

真是如此嗎？其實，打罵只是可以暫時制止小孩行為的方法罷了。

現在，許多訓練動物的馴獸師為了避免被控告虐待動物，都不再鞭打動物，還不是一樣教得會？比如海洋公園，我就沒聽過哪個訓練師訓練海豚時需要打海豚的。你認為，你生出來的小孩會比海豚、小狗、老鼠之類跟我們說不同語言的動物難教嗎？

我們在職場裡，若有學藝不精或怠惰，可能就被淘汰或解雇了。如果你是孩子們雇來的保母，請問你覺得自己是不是一個稱職的保母？如果你

認為似乎還有一些地方還沒有做得很好，恭喜你，這就是你可以學習調整的機會了。

不妨隨時注意一些報章雜誌或網站上一些親子互動的新方法，只要選擇合適者善加運用，都可以幫助你跟孩子更有效地達到良好的溝通。讓你的小孩子活得有自信，才是我們真正要教他們的。

爸媽的 HOME WORK

你最近有打罵小孩嗎？想想看，除了打罵，是否還有更適當的方法來協助你的小孩學習？寫下孩子喜歡的十種事物，試著對他說：「我們來將媽媽／爸爸要求的事情一起完成，完成後我們可以來玩你喜歡的東西（讓他先選好）。」

學會說「有用的廢話」

當小孩跌倒了，有些父母親可能會對著小孩說：「都是地板的錯，這地板害你跌倒了！」這樣的模式，會讓小孩誤以為……

我們常在跟小孩互動時說了很多廢話，訓誡他們、責備他們；其實，事情都已經發生了，你就算罵他們或是暴跳如雷，不止對事情沒有幫助，還把親子關係弄得很難堪。

舉個例子來說。當你的小孩跌倒了，有些父母親可能會對著小孩說：「都是地板的錯，這地板害你跌倒了！」這樣的模式，會讓小孩長大後認為，好像所有事都有對錯；甚至他的不開心或不舒服，一定是因為某人的

錯誤才造成的。

有些父母則可能對著小孩用力地念起來：「你怎會這樣不小心？地是平的耶，連走路都會跌倒！」在這種模式的互動下，久而久之，小孩就會認為自己總是錯，所以自己一定是個沒能力的人，最後變得一點信心都沒有。

若是小孩跌倒或遇到挫折，我們便能針對他的情緒跟他的感覺做反應，小孩跟你的互動可能會好一點；因為，他有時候需要的只是父母親的一點支持跟諒解。

所以，當孩子跌倒時，你可以反應他的感覺說：「那一定很痛吧！我們來看看有沒有受傷。」或是跟他說：「我知道一定很痛。來，我來幫你敷敷，然後我們來塗藥。」

只要像這樣去關心他的感覺，給他們支持，我相信親子間的關係一定會更好。

我們的上一代習慣用責備的方法來表達他們的關心；所以，我們常會覺得，遇到困難時乾脆都不要跟父母親說好了，免得還要被罵一頓。既然我們都不希望跟父母親這樣地互動，我們要避免用這樣的模式來對待我們的下一代。當你的孩子向你求助時，記得先管好你的嘴巴。

同樣是要說出口的一句話，能說得讓對方覺得溫馨、貼心，是不是比較好呢？我們都有這樣的經驗：有時候遇到了困難想告訴家人，並不是真的要尋求父母親的協助，只是想要有人可以瞭解我們、關心我們。

雖然，父母說的話未必一定能為孩子對症下藥；但是，孩子有時候也只是想要你們的諒解跟支持。所以，學會聆聽以及說體貼、有用的「廢話」也是很重要的呵！

爸媽的 HOME WORK

你最近三天內稱讚你的小孩了嗎？請記得養成每天至少要稱讚孩子一件事的習慣，並記在筆記簿裡；一個月後，你會發現你的孩子進步好多呵！

協助孩子成功

我跟剛從台灣來的學妹討論某次課程設計上的調整事項時，想不到，學妹竟說出讓我印象深刻、具有我們「亞洲特色」的代表性答案……

美國的教育理念有一個跟台灣比較不相同的地方是，台灣好像一定要分出「誰是贏家」。

我記得在台灣求學時，老師都會給我們排名次；有時候其實第一名跟第二名根本就沒差多少分，但是還是要分個高下。在美國，通常只要達到老師標準的人，通通可以拿A；也就是說，「第一名」可以不只一個。

我學妹剛從台灣來到美國時，我知道她在台灣教學時有不錯的口碑跟

教學經驗；所以，我就邀請他一起去跟我那些小小學生上課。在課堂裡，我的學妹所設計的遊戲部分是最受小朋友歡迎的。

因為我並沒有跟學妹說明有多少學生，所以她的教具裡面只有兩套相同的。那天我的學生有三位；也就是說，每次玩遊戲時，一定會有一個人若是動作不夠快或是反應沒跟上，便沒辦法使用教具回答問題。雖然這樣可以刺激小朋友更專注，但也有可能因為某位小朋友先天上比較不喜歡跟別人搶、或是坐的位置比較吃虧，而每次都遭到失敗。人若一再地失敗，通常會形成他乾脆自我放棄的心態。

因此，課程結束後，我跟學妹討論到學習挫敗者的心情與可能造成的結果，學妹的反應讓我覺得很耐人尋味。雖然她說的不是我要引導她說出來的答案，卻讓我深刻體會到，因為她才剛從台灣過來，所以還深受台灣教育文化的影響。因為我也是來自同樣的文化，知道有很多基因與環境的影響不是一兩年可以改變的。

我對學妹說：想想看，若是有一個人每次都挫敗，他會有怎樣的反應？我學妹說，這個挫敗的學生心情應該會很不好。我接下來就跟她討論，若是如此，像今天的課程設計上可以怎樣調整？她想了一下，恍然大悟地對我說：「我們不應該有兩套教具？」我回答：「沒錯！非常好！」

我心裡想的是：太好了！快要接近我想要的答案了。

想不到，我學妹接著就說出讓我印象深刻、具有我們「亞洲特色」的代表性答案。她說：「所以，我們應該只準備一套教具，這樣就不會只有一個學生挫敗而已。」換句話說，就會只有一個贏家、兩個失敗者；這樣一來，失敗者就不會孤單嘍！我心想：哇！這樣的想法真是經典！原來，我小時候不愛念書的原因，就是因為反正考不好的又不只我一個，表現不好也沒有什麼大不了的。哈哈！

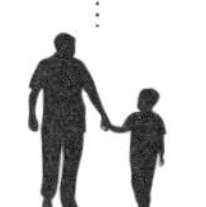

我的想法是，我們需要有三套教具，讓每個學生可以從自己的教具裡面找出答案，而不是去跟別人搶。

每個人的教學理念都不一樣，我個人目前是比較喜歡讓學生在課堂上都能成功；因為，在我的教學理念所認同的是，老師的工作是協助學生成功，協助他達到他的目標。

家長及老師們也不妨思考一下，自己的教養或教學理念是什麼呢？

爸媽的 HOME WORK

最近一星期內，有把孩子拿來跟其他小孩比較嗎？或只是看重自己孩子的進步與表現？請每星期至少寫下兩項孩子的進步與優良表現。（若是寫不出，可能要檢視自己的教育模式是否不適合孩子。）

總是要有人在基層

台灣出現許多工作無人想從事的原因，或許就是因為我們從小就教導孩子讀書是唯一的出路，為人子女的也背負著父母「望子成龍、望女成鳳」的壓力與期待；結果，大家都不願意去從事最基層的工作。

我有一次跟師母的兒子聊天；他兒子是道地的 ABC，也就是在美國土生土長的中國人。我們聊到對人生與教育的態度；我說，我總是會鼓勵我的學弟妹或是我的學生們，找到他們的潛力和強項，加強並予以發揮，才能在所喜歡的領域裡面出類拔萃。

我師母的兒子聽了之後，他的想法則是：這個社會不能要求每個人都出類拔萃，總是要有人在基層。

我聽了之後頗覺震撼。我們的社會本來就是由各行各業組成的；一個社會要能穩定，也需要每個行業都有人從事。

台灣目前出現許多工作無人想從事的原因，或許就是因為我們從小就教導孩子讀書是唯一的出路，為人子女的也背負著父母「望子成龍、望女成鳳」的壓力與期待；結果，大家都不願意去從事最基層的工作；一來覺得太粗重辛苦，二來沒有社會地位。

我想起我在台灣東海大學就讀時，學校有一個勞作制度，可說是學校的特色與優良傳統。所謂的「勞作」，就是所有大一新生都要自己打掃學校環境，不假他人之手。雖然學校可以請校工來作這些工作，但學校的想法是，大學生自己打掃自己的學習環境是一種很好的訓練。

我覺得自己也是這種訓練的受益者。我們當初的工作項目很多；除

了基本的掃地、擦洗之外，我記得還掃過廁所、清過水溝、收過厚重的水管……這些工作經驗，讓我覺得自己可以作很多事情。後來，我大二時還報名去清掃系館，晚上打工則是在港式餐廳洗幾百個油膩膩的碗盤。

這是否就像孔子所說的「吾少也賤，故多能鄙事？」我不知道現在的大學生是不是還做這些事情；不過，因為有這些經驗，讓我覺得人生很自由，任何事情我們都是有潛力的。美國這裡的大學生或是研究生，打工時也都從事各行各業；有的跑到餐廳端盤子、在速食店打工、在修車廠裡面幫忙、或是在超市及百貨公司當櫃台，即使是醫學院的學生也不例外。

我很認同師母兒子的想法；或許，我需要調整以後對學生或是學弟妹的鼓勵方向。我可能會跟他們說：「人生不必一定要爬到頂端，只要你從事的工作會讓你開心就好了。不論你在什麼職位，都要尊重自己的專業，也看重別人的專業；因為，各行各業對我們的社會都是不可或缺的。」

爸媽的 HOME WORK

你曾經想過，要看重自己、也尊重別人嗎？請寫下三種你覺得自己最不想從事的正當行業，並且想想看，若是沒有這三種行業，我們的社會將會變得如何？

有「禮」真好

我們一向自認為是「禮義之邦」；但是，有多少台灣家庭的小孩，在小小年紀就學會說話的禮貌？

我們常以為美國人非常民主自由，所以總以為他們的師長可能都很放任他們吧！

其實，以我在美國從事教學多年的觀察發現，原來，人家的民主自由是建構在守法與互相尊重的紀律上。

我在幼兒園工作，學生是三到五歲的小孩；許多小孩的家長，大約兩歲半或三歲左右就開始教小孩說「Yes好的」、「Please請」、「No, thank you不用，謝謝你.」所以，當我問學生：「你要吃點心嗎？」他若是要吃，他就會說：「Yes, please.」如果他們不要，也會說：「No, thank you.」

我們一向自認為是「禮儀之邦」；但是，我很少看到哪個台灣家庭的小孩，在這樣小的年紀就學會這樣與其他人互動的。

我有一次去一個美國學生家，他那個五歲的小姊姊，看到我在幫學生照相，她便在旁邊不斷地對我說話；我因為忙著幫我學生錄影，沒注意這小姊姊在說什麼。後來才知道，原來她一直說：「May I picture you guys? May I picture you guys我可以幫你們照相嗎?」她用的問句可是非常禮貌的問句呵！

我那位四歲的學生，雖然有自閉症的特質，可是他父親教他在向別人

拿東西時要說「請」；所以，我拿糖果給他時，他還會以很可愛的聲音說「Please」。他的「Please」常在我腦海迴盪著；因為，他並不太會說話，但他竟然會對別人說「請」字。

想一想，我們是否常忽略了一些連不太會說話的四歲孩子都會的事？

爸媽的 HOME WORK

你的小孩已經會說話了嗎？ 若是會，你有聽過他說過「謝謝」或是「請」嗎？請立即協助孩子使用這些詞彙。

連別人的孩子一起教

我的好朋友抱怨，他兒子的同伴都好霸道、好自私。我勸他連別人的小孩一起教。他卻說，「我只關心我的小孩，別人的小孩我可管不著。」

我誠懇地對他剖析，經我這樣一分析可真嚇到他了。

我的好朋友有一天打電話跟我討論他一歲多的兒子的狀況。他說，他身旁有一些跟他兒子同年齡的小孩都好霸道、好自私，有時候還會搶他兒子的玩具；他說，幸好他有我當他的軍師，所以他覺得將兒子教得很好。

我說，你學了這麼多方法，也應該一起教教你朋友的小孩啊！你可以教他們學習輪流玩想玩的玩具，不要搶來搶去。

他說：「我只關心我的小孩，別人的小孩怎樣我可管不著。」

我誠懇地對他說：「你想想，若是只有你的兒子教得好，其他的小孩都不好，難道你不擔心孩子到學校以後耳濡目染、模仿他們的行為，最後被同化了，或是被他們欺負？所以，光是你兒子自己好有什用，他還是會過得不好。」

我這樣一分析可真嚇到他了，他說：「妳說得真有道理！那我下次還是連我身邊的小朋友一起教好了。」

我們在這個社會中是互動的；若是你有能力，在合理的情況之下，不要忘了也一起關心及教導那些跟你小孩互動的小朋友，這樣大家才能有良好的互動品質，也才能確保你的小孩與其他孩子能相互尊重。

爸媽的 HOME WORK

當你的小孩跟其他小孩一起玩耍時，你有協助其他小孩也一起學習嗎？若孩子遊戲時互搶喜歡的東西，你可以協助他們輪流使用嗎？

Do what other people do!

有一天，我們幼兒園來了一群客人，他們是來教小朋友演戲；因為是新的經驗，小朋友們又興奮又緊張，又有點手足無措。結果，其中一位小朋友說話了……

我們常會提醒小朋友們，要在一個團體裡面配合大家的行為；觀察大家在作什麼，然後跟著大家一起融入，這樣會建立起好的人際關係，藉由觀察也可以學到很多事物。

比如，你不知道這首歌的手語要怎樣比，便可以觀察其他人怎麼作，然後跟著作，慢慢地就能學會了；這樣一來，你就不用老是仰賴別人來教你每件事情。

有一天，我們幼兒園來了一群客人，是話劇社的團員跟他們的教授來教小朋友們演戲；因為是新的經驗，小朋友們又興奮又緊張，又有點手足無措。結果，我們其中一位小朋友說話了，他說：「just do what other people do跟著其他人做！」我們聽了滿感動的，他竟然記得我們教他的大原則。

記得，我在兩年前見到這個小朋友時，他在幼兒園裡有點特立獨行；大家都在玩的時候，他會一個人走來走去檢查大家的情形，所以跟其他小朋友合不來，常常孤孤單單一個人，像個獨行俠。現在，他顯然把我們教他的大原則用到生活裡了；所以跟其他的小朋友玩得很好，也很能投入。

我想，我們幼兒園校長的堅持是對的：教會我們的小朋友去跟別人適當地社交互動，這將是小朋友們從幼兒園畢業時所得到的最好禮物。

爸媽的 HOME WORK

你平時有觀察其他人在團體裡注意什麼、關心什麼的習慣嗎？你有提醒你的孩子，在團體裡面要參與其他同儕有興趣的主題嗎？試著跟你的孩子聊他喜歡的話題，然後也讓孩子問你所喜歡的話題。

如何建立新行為

建立新行為的六個步驟

萬一小孩不想去上課，或不願意聽從成人的指令，還常常唱反調、發脾氣，你知道該帶他去看哪一科醫生嗎？

當小孩肚子痛時，父母都知道要去找腸胃科醫生；若是流鼻涕、喉嚨痛，我們會去找耳鼻喉科；萬一小孩眼睛不舒服，我們會帶他們去看眼科……但是，萬一小孩不想去上課，或不願意聽從成人的指令，還常常唱反調、發脾氣，你知道該帶他去看哪一科醫生嗎？

近幾年來，行為師在教育的領域裡逐漸扮演重要的角色；這些行為師通常會提供建議與策略，與家長及老師們一起協助小孩建立新行為。

在台灣，行為師目前並不普遍；所以，最好的方法是家長與老師可以

具備基本的知識來判斷孩子的問題，然後運用合適的方法協助孩子建立新行為。

家長並不一定要變成專家。但是，若能夠具有一些有關兒童行為的基本知識，就可以在孩子行為上患了輕微的傷風感冒時，知道病在哪裡，以及如何協助小孩在問題輕微時便找到合適的解決方案，而無需等到病入膏肓；那時，就不是行為師可以在短期內解決的了。

基本上，應用行為分析 Applied Behavior Analysis 簡稱 ABA 的使用通常須採取以下步驟：

步驟一

觀察是應用行為分析的第一步。

藉由觀察，我們通常可以蒐集到有關行為功能的資料；所以，針對要處理的行為蒐集ABCs（A：Antecedent前因；B：Behavior行為；C：Consequence後果），可以見到被期待的行為在怎樣的情境下最常發生，或是不被期待的行為在如何的情境下會發生，以及怎樣的處理會讓行為不斷發生或是逐漸消失。

藉由觀察，還可以知道小孩子喜歡以及不喜歡的人、東西和活動；這些觀察得來的資料，可以用來當作日後的增強物或是處罰的依據。所以，具有觀察的習慣與敏銳度是很重要的能力，這樣才可以蒐集到客觀的資料。

步驟二

我們通常會將蒐集的資料加以分析，藉以瞭解其行為背後的功能為

何：為了得到其他人的注意力？逃脫他所面對的情境？躲避即將面對的情境？想得到他想要的東西？或是自我刺激？

步驟三

接下來，我們根據分析的結果，對於有必要減弱的行為或是需要建立的行為及能力（比如七大能力），可以運用技巧加以調整。這些技巧包括：行為塑造 shape、提示 prompt、淡化 fade、區別性增強替代行為簡稱DRA、區別性增強不相容行為簡稱DRI、區別性增強其他行為簡稱DRO、祖母的原則 Grandma's rule、視覺提示法 visual prompt、社交故事 social story、代幣系統 token system、增強 reinforcement、消弱 extinction、緩衝 cushion 等……

步驟四

藉由蒐集到的數據，我們會瞭解所實施的策略是不是適當地協助行為的建立、或是減弱與消除。若是方向對了，行為持續往我們期待的方向轉變，我們便運用技巧讓行為繼續保持，甚至到能夠類化generalization；若是行為並沒有依照我們希望的目標改變，我們便需要修改策略。

步驟五

協助小孩在這些你期待他調整的新行為上獲得成就感，讓他們從正在從事或是學習的事情上獲得樂趣，對自己產生正面的感覺。

步驟六

我們逐漸地抽離、淡化自己所扮演的協助角色，讓小孩子慢慢獨立，

去做這些你期待他們新建立的行為；久之，孩子便可完全不需外力，自動自發。

這六個步驟算是很具體的，每位當家長的都應該有能力做到。但是，即使家長學會了這六項步驟，並非從此便可以對教養小孩高枕無憂。現在的家長跟老師們都會感覺到，使用以前的方法來教養現在的小孩似乎很不靈光；這些應用行為分析的技巧與步驟，便是讓家長與老師們的工具箱裡有更多的配備；當你有需要的時候，就有法寶可以拿出來試試看。

千萬不要誤以為世界上會有一種特效藥，讓你的小孩吃了之後就變得完美；教養小孩跟許多工作一樣，是具有挑戰性而且需要進修的。所以，家長們應該抱持輕鬆但是謹慎的態度，面對孩子的教養工作。

爸媽的 HOME WORK

準備一本小小的筆記開始觀察你的小孩嘍！一、先想一個你最近最想要協助你的寶貝建立或是改善的行為；二、記錄ABCs；三、分析行為的功能，找出怎樣的規則行為會出現；四、運用之後的技巧來建立行為或是改善行為。

幾種不同的增強技巧

如果你的小朋友會用尖叫的方式想要得到你的注意；如果你的小孩常會玩自己的「小弟弟」，探索自己的身體；如果你的小朋友不乖乖坐著而跑來跑去……

對於小朋友的行為，父母可以運用一些增強技巧建立你希望孩子表現的行為模式。我建議父母親可以為孩子準備一本筆記簿，為你的小朋友設計專屬他們的成長方案。

一、設定你的期望 Set Expectation

你要讓你的寶貝知道哪種行為是你希望他做的；並且要讓他知道，如果他做到這樣的行為，你會很高興，他甚至可以得到他喜歡的點心或是小玩具或是小貼紙（等小貼紙集到一定的數目，他可以來換喜歡做的事情，像是打半小時電動玩具或看卡通DVD）。

二、運用區別性增強 Differential Reinforcement技巧

這樣的技巧，使用於當你想要加強孩子的適當行為，並減少甚至根絕不適當的行為。

比如，你的小朋友若用尖叫的方式要得到你的注意，你當然就不能在他尖叫時理會他；相對地，你只有在他輕輕拍你、跟你好好說話時，你才理會他。當然，你要事先讓他知道你期待他做的適當行為，而且鼓勵他：「當你要我注意你時，爸爸／媽媽喜歡你輕輕拍我。」「對了，你這樣做

得很好，太棒了！」當你一再地鼓勵他的良好行為，他那個不被你期待的行為就會漸漸消失。

區別性增強又可分成幾種類型：

（一）區別性增強其他行為 Differential Reinforcement of Other Behavior，簡稱 DRO

DRO 的 O 代表的是 other behavior；所以，只要不是跟你設定的目標行為 target behavior 一樣的行為，都可以接受。例如，若是孩子的打人行為你不喜歡，而要修改他的打人行為；只要他在設定時間內不打人，即使哭泣都是可以被接受的。

再舉例來說，小孩子會探索自己的身體，有些小男孩便會常玩自己的「小弟弟」。當你不希望你的寶貝每次看電視時就順便探索自己的身體，你可以告訴他，如果他可以保持雙手放在褲子外面，他就可以得到他喜歡

的東西。

你還可以用計時的方式來獎勵：如果他以前每兩分鐘就會摸自己一陣子，你可以設定比兩分鐘「少十秒」的時間來獎勵他達到這個目標，這樣他比較容易獲得成就感，然後願意繼續配合你。這一分五十秒內，只要他的手是放在褲子外面的，他就可以得到他的獎勵品。

因此，不管做任何事情，即使是不雅地挖鼻孔，只要這些行為是你當初在一分鐘五十秒前沒有禁止他的——當然是不具危險性的，他都可以算達到標準，你就要用力鼓勵他：「你真的做到了耶！」「爸爸／媽媽好高興，你真的很努力！」並馬上提供他喜歡的東西，然後再重新計算時間。

以此類推，可以將時間訂得越來越長；但是，每次都要確定他可以持續地達到你所希望的時間。大約連續幾次或執行幾天後再加時間，每次加時間以不超過十到十五秒為主，以免進度太快，小朋友們不易達到而放

棄。若是那種非常固著的行為，甚至一次只增加五秒以內的長度；萬一他沒辦法達到你希望的時間標準時，你可以再減少。

若是他在規定的時間內摸了自己，你可以提醒他「請把手放在褲褲外面」，然後重新再設定一分五十秒。若有些行為他馬上就知道不應該做而迅速修正，你就不需要口頭提醒；不過，仍要重設你的一分五十秒。

（二）區別性增強替代行為 Differential Reinforcement of Alternative Behavior，簡稱 DRA

DRA 的 A 表示 Alternative behavior，即替代的行為；顧名思義，就是以你可以接受的行為方式，替代孩子原本的不適當行為。

例如，你不希望他生氣時打人，便要協助他找到替代的行為來溝通。所以，當他要對其他人表現他的生氣時，你可以教他使用語言跟對方說：「我不喜歡你這樣做。」而不是採取打人的方式。

再比方說，若你的小孩想獨處時，通常是以打人的方式趕走別人，那你就教他用說的：「請你離開我的房間」或「我想一個人在這裡」或是以手勢表示。只要他使用的方法是一種適宜的行為，而且能達到跟他不當行為同樣效果的，就叫做替代行為；當他這樣做時，他就可以得到獎賞。因為他那個被接受的行為是得到獎勵的；因此，這個合宜行為就會越來越常出現。

回到前面的例子：當你的小朋友忙著讀故事書或玩遊戲時，就不會去摸自己的身體；所以，你就可以一直獎勵他看書、玩遊戲等適當的行為。

（三）區別性增強不相容行為Differential Reinforcement of Incompatible Behavior，簡稱DRI

DRI的I指的是Incompatible behavior，即不相容的行為；所謂「不相容的行為」，是指身體上無法同時執行的動作。

比方說，你兩手端著或拿著東西時，你就不能同時去摸自己；因此，兩手拿著東西的動作與摸自己，就是一種不相容的行為。因此，若是當他要打人時，你就拿鼓給他敲；打鼓跟打人的動作便是不相容、無法同時存在的。

再舉例來說，如果你希望你的小朋友乖乖坐著而不要跑來跑去，你就要獎勵他每次「乖乖坐著」的行為。只要他能坐好，他就不會跑來跑去，這兩者便是不相容的行為。

總而言之，當一個適當的行為出現時，另一個不適當的就不會出現；所以，你只需要去獎勵他適當的行為，他的不當行為便沒機會出現。

若小朋友沒事時就會一直摸自己，你就準備很多玩具在他身邊，讓他玩到沒有時間去摸自己，然後持續地獎勵他玩玩具的行為；當他玩玩具的行為增加了，摸自己的行為便會減少了。

爸媽的 HOME WORK

運用其中一個技巧來練習看看，協助你的小孩建立、強化、或是消弱行為。

教六個月的小娃學手語

我所就讀的西維吉尼亞大學醫學院附設有托兒中心，裡面的小娃足六個月時，照顧者就會開始教導他們手語；原因是……

對於主修應用行為分析論的人來說，總相信不要忽略任何人的學習能力；因為，任何事情都是可以藉由學習而有成果的。所以，滿六個月大的小娃開始學習手語，當然也是有可能的事嘍！

我所就讀的西維吉尼亞大學醫學院附設有托兒中心，裡面的小娃足六個月開始，照顧他們的人員就會開始教導他們手語；足六個月後開始教導手語的原因是，根據推廣嬰兒手語的人員認為，嬰兒的腦部此時才會開始有記憶力跟能夠控制手的動作，所以教起來會比較有成效。通常，有這種手語溝通能力的幼兒，因為提早體會成功溝通的經驗，所以通常容易激起他們想要進而使用口語溝通的動力。

要使用哪一種手語呢？如果家長願意去學習當地通用的手語當然最好；若是限於時間等因素而不便特地去學，自創一套可與嬰兒溝通用的共同手勢也無妨。

基本上，嬰兒畢竟才剛開始發展手的運用能力，所以我們起初只是讓他們比出大概的動作，無須做到完美，甚至可以因需要而修改成合適不同嬰兒的手語。

在教導這些手語時，成人要一邊教、一邊說出這手語的意思，這樣可以讓小嬰兒連結手語跟語音，也做為他將來使用口語的準備。

很多家長會擔心，小孩會不會因為嬰兒時期使用手語之後就不說話

了？基本上，只要有將手語連結口語的發音，這樣的擔心是多餘的；相反地，學過手語溝通的小孩，會比較少使用哭鬧來要求他想要的東西。所以，學手語對嬰兒與父母來說都是獲益的。

教導嬰兒手語，要從他生活上常需要的東西教起，這樣他才會有動機；換句話說，像喝奶、吃、水、尿布等幾個常使用的物品可以先教。不過，要記得循序漸進地慢慢教，才不會讓幼兒覺得反感而不學呵！

一般來說，嬰兒在日常生活會用到的東西，因為每天接觸，所以天天都有教的機會，嬰兒就可以天天學、天天用，便能相當有成效。此外，有些玩具嬰兒特別喜歡或是有興趣的，因為他們想要玩的動機很強，因此也是很好的選項。

通常，嬰兒想要某些東西可是又說不出來時，他們常會渴望地看著他的父母或是他的照顧者；若是你當下知道他所要的東西時，便可以趁著他

的注意力，一邊說這東西的名稱，一邊比手語給他看。

一開始只是搭配東西的名稱跟手語，而不要求小嬰兒馬上跟著比，因為他們需要一段模仿的時期；等這樣連結一陣子後，才開始帶著小嬰兒跟著你做相同的動作。剛開始只要有粗略的樣子就可以了，因為孩子還是只運用大肌肉，小肌肉的活動還在慢慢發展。

而且，雖然大部分的手語推廣者認為，六個月大是最合適開始教導手語的時期；可是，由於每個小孩的進度不一樣，父母都要耐心地教。教手語原本是要用來讓你跟小寶貝之間有更好的溝通品質，所以一定要用快樂的心情來教小寶貝；才不會因為孩子一直達不到你的要求，導致心情沮喪，造成關係更糟，那就本末倒置了。

所以，一開始先教幾個孩子會天天用到的東西，觀察成效後再決定進度。通常你會發現，他們那可愛的小手比出來的手語，真是又可愛、又讓

你驚訝啊！

若是你現在有小寶貝，要不要也試試看教他手語呢？

爸媽的 HOME WORK

若是你的小孩正在牙牙學語階段，可以想一個你希望他可以不用哭聲來表達的項目，運用文章中所說的技巧來練習。

善用正向指令

當孩子的行為不合大人的意時，我們就會指責孩子這樣的行為有多麼不對……

有些小孩子乾脆跟你作對或是放棄配合。

我們常到學校去協助一些老師教學。我們常見到的是，有些老師在學生表現好的時候沒有太多的稱讚，好像他們理所當然地應該做對；但是，當學生有點小小的行為不合老師的意時，老師反而花很多時間對學生說明這樣的行為有多麼不對，而且一再重覆的是「不要這樣」、「不要那樣」，或是「你再這樣做，你就會失去……」、「你再不遵守，你就會被處罰」之類的話語。

我們看到很多這樣的互動。有些小孩子乾脆常跟老師作對、或是放棄配合；比較嚴重的，還會當場在教室抓狂，或是直接躺在地上……

所以，我們常到學校去為老師作的最重要示範是，對學生下指令時語氣都是正向的。

比如我會說：「只要你寫功課，你就可以得到我的獎勵品。」或者是「你先把這文章寫好，那我們就可以玩玩具。」我從來不說：「你若不寫功課，你就沒法得到獎勵品。」這樣的負面話語。

我在下指令時，會試圖給學生正向的提示，讓他腦袋裡只能想著他要如何獲得我的獎勵，這也是直接了當地讓學生瞭解我們的期望值是什麼的方法。否則，他都只知道你不要他做的行為——可能你嘴巴一張開，他就可以幫你背出來要說的話了；可是，他卻不知道怎樣的行為才是你想看到

的。

千萬不要自以為你的學生一定很瞭解你要的是什麼；有時候，明確的指令是很有幫助的；甚至可以將這些指令作成圖解或是大字卡，也是很好的方式。讓你的學生常常看到這些正向的指令，他們的行為便會更有依據。

反之，若是我們常對學生說：「你若不寫功課，你就會失去你的獎勵。」當學生聽到「失去」或是「你得不到」這樣的話語時，他只想到去跳海算了，哪會想配合你啊！

所以，只要在話語中讓學生知道，他如何配合你的要求就可以得到他想要的，那他就會被你慢慢「洗腦」嘍！

爸媽的 HOME WORK

寫下幾個你不希望你孩子做的事情，然後在每個句子旁邊寫下對於這件事的正面指令。

別摸！用看的

當你期待小朋友不要做某些行為時，你要自己先想好，可以讓他做什麼事來代替原有的行為？

美國有些幼兒園會教導小朋友hands behind your back把手放在背後；因為，這樣可以減少他們在排隊時或是跟其他小朋友太靠近時，隨便去碰觸別人或是跟其他小朋友推來推去。

同樣的理念，若是有些小孩子老喜歡去碰觸不該摸的事物時，我們會建議家長或老師告訴孩子「把手放下來」或是「用看的」；這樣可以讓小孩子馬上知道你的期待。

有的學生會喜歡用力推別人或是拉人家的衣物；這時候，我們會直接跟他說「touch nicely 輕輕摸」，而不是「No pushing 不要推」或「No pulling 不要拉」。

如果你不要孩子那樣作，那你想要孩子怎麼做，便要清楚地讓孩子知道；所以，我們會訓練學生知道「touch nicely」這樣的指令跟動作。有時我們會跟學生說：「show teacher your nice hands 給老師看你乖巧的手」；當然，我們會先訓練學生練習所謂「nice hands 乖巧的手」——我們讓他們把手指交疊、兩手互握著，表示乖巧的手。

要記得，在下指令前，都要確認這些指令是學生聽得懂、而且有能力可以作到的動作，才不至於讓他產生困惑，根本不知道你要他作什麼；造成失敗幾次之後就情緒崩潰，甚至不想學了。

因此，要再次強調：當你期待小朋友不要做某些行為時，你要自己先

想好，可以讓他做什麼事來代替原有的行為？唯有功能相同、但是合理的行為，才能戒掉他的舊行為。

爸媽的 HOME WORK

從上一個作業裡找出一件你很不希望你小孩子做的事情，把想好的正面指令完整地寫在筆記上，然後反覆念熟。當你下次發現你的小孩出現這樣的行為時，試著說出你的正面期望。

多關注孩子的正面行為

有時候，我會對學生的詭異行為加以幽默一番。比方說，我學生突發奇想地要從窗戶爬進來而不走正門，我就會跟他說……

多注意孩子的正面行為，然後忽視那些無傷大雅的負面行為，是我們在行為分析論裡面常用到的技巧。

當我們接到某些教育工作者的求救——抱怨他們的學生很難教，我們便會進到教室去觀察到底發生了什麼事情；往往會發現，老師花太多時間在關心或是責備小孩子的負面行為。我們進一步地蒐集資料後就會很明顯地發現，老師使用的正面語句或是鼓勵話語，遠少於對負面行為的注意與負面語句的使用。換句話說，學生在這樣的學習環境裡便會沒有樂趣，甚至不想學習、習慣用負面行為來引起老師的注意。如此一來，在學習環境裡便形成一種惡性循環。

我在教學生涯裡當然遇過其他老師口中「不容易教」、「不想學習」的學生。我在第一堂課就會開門見山地跟他們說：「我不用成績來衡量任何學生的價值，你們在我眼中都是一樣好。」我基本上對於學生的行為都給予很大的空間；所以，不管他們在課堂上作什麼事，我一向能保持冷靜。因為，冷靜就比較能說出有效的話語；而且，冷靜也是示範文明教養的一個重要方式。

有時候，我會對學生的詭異行為加以幽默一番；請記得，「四兩撥千斤」這技巧一定要常用。比方說，我學生突發奇想地要從窗戶爬進來而不走正門，我只會跟他說：「小心爬，不要摔倒嘍！」若是沒有危險性的狀

況，我甚至會當作沒看見。這樣一來，他不會因為你阻止而不高興，你也不會因為責備他的特立獨行而影響教學氣氛。

雖然我會裝作沒看見，可是我的眼角都在觀察他們；一來，確保他的安全；二來，他看這樣無法引起你的注意，就會覺得沒趣，下次就不會再作了。此外，我等他爬進來後，還會開玩笑地對他說：「可不是每個人都有辦法爬窗戶耶！因為一定要夠瘦，否則會卡在窗戶上；而且筋骨要夠軟，否則沒辦法靈巧地鑽進來。我知道你身材好而且又靈巧，不過老師很擔心你一不小心會受傷。為了不讓我擔心，下次要麻煩你，我們還是一起走大門好了。」

有時候小孩就是調皮，但這就是他們可愛的地方。可能我自己當年就是屬於叛逆、不服從權威的那種小孩，所以我覺得他們很親切，就像是看見當年的自己一般。哈哈！

爸媽的 HOME WORK

你可以在十秒之內寫下五個你小孩正面的行為嗎？ 寫出來後，儘快找機會針對他的這些行為給予獎勵呵！

✲✲

....

....

....

....

....

....

....

....

....

....

....

....

....

✲✲

要用對獎勵

獎勵品可以搭配學習環境、讓孩子開心，還可以加強學習動機；所以，在教學上是可以妥善運用的技術。

不過，還要注意……

教學的時候，使用增強行為的獎勵品是很有效的方法。我知道有很多人擔心，會不會小朋友依賴獎勵品，最後沒有獎勵就不學習？其實，要是能有計畫地把獎勵品有所安排與逐漸淡化，這樣的擔心便是不必要的。

一般說來，在我的教學裡面，獎勵品只是用來輔助的。在提供獎勵品的同時，其實目的是要協助建立新的行為；因此，當新行為建立了，獎勵品就要慢慢有計畫地移除。換句話說，獎勵品可以搭配學習環境、讓孩子開心，還可以加強學習動機；所以，在教學上是可以妥善運用的技術。

不過，還要注意的一點是，必須用對獎勵。

我最近跟著教授進行的方案，是評估我們所介紹的教師訓練課程的成果；因此，我需要不斷地看很多不同老師攝錄的教學錄影帶。

其中，有一位老師一直重複犯的錯誤是沒有選對獎勵品。我怎會知道他沒有選對呢？想想看，若是有人要給你你最喜歡吃的糖果，你會有怎樣的反應？通常，我們應該會有眼睛一亮、迫不及待的表情，或是靠近這個要給你糖果的人。我在影帶裡面看到的則是，老師給小朋友做為「獎勵」的餅乾後，小朋友不只沒有吃，還開始玩起餅乾來了；有時候，老師甚至必須要求他們把餅乾吃了，或是三催四請要他們吃，他們才會吃這些餅乾。

在這樣的狀況下，餅乾就不會是獎勵品或是所謂的增強物了，甚至還有可能會變成「懲罰物」。因此，老師們跟家長們在選擇所謂的獎勵品時，要非常注意：到底你要提供的東西，是你自己喜歡的，或是你的學生以及小孩喜歡的？有時候，提供獎勵品的人甚至不知道該提供強而有力的獎勵品，以為只要給東西就好了，所以任何東西都可以；如此一來，不管怎麼給「獎勵品」，孩子都不會進步。

其實，在提供獎勵品輔助教學時，要用一段時間觀察孩子到底喜歡及不喜歡什麼；而做為獎勵的東西也要交替使用，千萬不要永遠用同樣的獎勵品，否則接受的人也會麻痺的。甚至不妨做一下獎勵品的調查 reinforcer survey，這樣可以更精確地運用獎勵方法。

爸媽的 HOME WORK

在筆記上，記錄十項會讓你小孩眼睛 blink blink 發亮、閃爍的食物、活動或物品，以及五項會讓你小孩不喜歡的食物、活動或物品。

先鼓勵他或先給糖吃？

當我們因為孩子的良好行為要給獎勵品前，我們要先用口頭鼓勵，對他說……

在巴伐洛夫 Ivan Pavlov 對狗的實驗中，他經由刺激控制，使得鈴聲、食物以及流口水三者之間產生連結：他先搖鈴，然後給狗食物，狗便因為食物而流口水；數次之後，他只要搖鈴，但是不需要提供食物，小狗還是會因為聽到鈴聲而流口水。

這是因為，在這過程中，已讓小狗對於原本沒有意義的鈴聲產生一種流口水的連結。由於鈴聲和食物緊密地連結；久而久之，就算沒有食物出現，當鈴聲響起時，小狗也一樣會有流口水的反應。

這樣的刺激控制可以廣泛運用，讓原本沒有意義的中性刺激物，變成引起反應的條件刺激conditioned stimulus。

我們也可以運用這樣的連結來教導小孩。當我們因為他的良好行為要獎勵他時，我們要先用口頭鼓勵，對他說「表現得太棒了」、「做得真好」、「你好有創意」之類的話，然後提供他想要的獎勵品。

在這過程中，獎勵他的話就如同巴卜洛夫實驗中的鈴聲，給他喜歡的東西就如同食物；獎勵品拿給他之後，他就會有一種獲得東西的快樂感受。

獎勵的話語在很多時候對一些學習者或是幼兒是沒有任何意義的。但是，久而久之，獎勵的話語和快樂的感受連結；就算以後你不再給他喜歡吃的或玩的東西，你那獎勵的話語還是一樣會激勵他，而給他一種快樂的

感覺。

這時候，食物和玩具等實質的獎勵品就可以漸漸被獎勵的話語取代了。所以要記得，給獎勵品之前，一定要先說獎勵的話，這樣的效果才會是最好；而且，日後移除這些獎勵品後，還是能讓學習者處於學習中，只要你的一個眼神或是口頭獎勵就會很開心了。

我們最終的目的，則是希望在這過程中，逐漸讓學習者因為他所學習的事物而獲得成就感，無需永遠仰賴這些外在的獎勵。

爸媽的 HOME WORK

寫下五件你要獎勵你孩子的行為；當你先用口頭獎勵才
提供他喜歡的東西時，請自己打勾。

獎勵時要多方考量

朋友的兒子想要買變形金剛。我朋友便趁機對兒子說：「好！我可以買給你；但是，明天開始，你要自己整理房間、自己起床……」他的兒子當然是一口就答應嘍！結果呢？

我的朋友對我抱怨，他使用獎勵來協助他兒子建立新行為，卻一點都沒有用；我便要他多敘述一些他實行的步驟。

他說，他兒子想要買變形金剛；我朋友便趁機對兒子說：「好！我可以買給你；但是，明天開始，你要自己整理房間；只要一叫你起床，你就得自己起來；還有，放學後要馬上回家寫功課。」他的兒子當然是一口就

答應嘍！

結果呢？我對朋友說：「他當然是變形金剛照玩，但是答應你的事情一件都沒有做。對不對？」說得我朋友直點頭。我告訴他，他在這件事上有幾個技巧需要調整一下：

一、獎勵要等對方達到標準後才提供，這樣才會時時激勵這個人，在沒有拿到獎勵前都會很有動機地配合。

二、用一顆糖果便要人家撼動整座山，似乎也太為難人家了。因為，他所獎勵的東西，與要求孩子配合的比重之間有段差距；沒有任何人可以一次改掉這麼多習慣的。

三、他要求孩子的事情都是那種「從零到有」的行為，這樣的難度太高。

四、孩子沒有配合，也沒有因此受到事後結果的約束；換句話說，

他沒有因不配合而失去任何東西。這麼一來，他當然跟你繼續開空頭支票嘍！

你是否偶爾也用了這樣的模式在教育你的小孩或學生，而因此覺得努力落空？其實，是因為步驟與細節沒有設計好的緣故啊！

爸媽的 HOME WORK

請記錄：你最近打算用來給你孩子當獎品的東西，份量是否正確？是不是等到他完成了你才提供？

獎勵時要注意細節

去師母家拜訪時，她家的狗極度熱情，會狂撲在客人身上。我師母便捉著牠的項圈往電腦房去，準備給牠愛吃的東西，免得打擾客人。可是我對師母說，千萬不要給它任何東西。

有些朋友會跟我說，他們認為運用行為論來教學，效果不太好。通常，我會讓他敘述他如何使用，或是去現場觀察他們如何使用；結果，通常會發現，他們獎勵錯了行為。

獎勵的時候，我們應該針對所希望的行為、迅速地提供合適的獎勵品或是讚美；若是時機不對，便往往會適得其反。

先舉一個教小狗的例子。有一天，我跟學妹一起去師母家拜訪。她家的狗極度熱情，會狂撲在客人身上；我跟我學妹不怕狗，只是擔心身上的大衣會被抓破或是弄髒，所以就站在那裡，讓牠繼續對我們「熱情如火」。可是，牠這樣的動作是有可能嚇到怕狗人士的。

我師母有點不好意思，便捉著它的項圈往電腦房去。我常去師母家打擾，所以大略知道她家的格局——她正把小狗帶往食物區，準備給牠在美國一般用來獎勵小狗的獎勵品。我師母的想法是：帶牠到電腦房給牠愛吃的東西，牠就不會打擾客人。可是我對師母說，千萬不要給牠任何東西；因為，牠會聯想成：「我每次都熱情地撲向客人，我就有獎勵品，那我這行為想必是讓主人喜愛的。」

後來，師母跟我們一起吃下午茶時，小狗在旁邊一直拚命做出要靠近食物的舉動；我師母便叫小狗「sit 坐下」小狗果然坐下了，師母就沒

理牠，繼續跟我們說話。這時，狗站了起來，師母才打算獎勵牠剛剛坐下的行為。我連忙阻止說：「師母，你現在給牠東西，牠會以為獎勵的是牠『站起來』的行為，而不是之前那個『坐下』的行為。」

還有一次，我去幫忙我的朋友Kelly，看她教導小孩的方法有沒有需要改善的地方。她的小孩Jack快四歲了，除了叫「媽媽」之外不太說話，也不太依照我們一般的社交期待來回應別人。

我觀察Kelly教Jack坐在椅子上的行為。她找到孩子很喜歡吃的玉米片，所以Kelly打算只要Jack坐在椅子上就讓他吃。這原本是很好的方法；但是，在執行當中，狀況來了：

一、Jack的確有先坐在椅子上；但是，當Kelly轉身去拿玉米片時，Jack卻站了起來；Kelly此時餵他吃了玉米片，而且還說了「Good job」。這下子，Jack被增強的可不是「坐在椅子上」的行為，而是「站起來」的行為呵！

二、Jack 有坐在椅子上吃，但是，當 Kelly 要餵他吃的時候，Jack 等不及，一手就把湯匙裡的玉米片搶過來，Kelly 讓他吃了，又接著說「Good job」。同樣地，這次 Jack 被增強的是「搶東西」的行為！

從這樣的例子，家長可以想想看，你對你的小孩是不是也有類似的情形？根據研究，當你提供增強物時，前三個行為都是會被增強的；而且，越接近提供增強物時間點的那個行為會最被強化。

所以，當有以上的情形發生時，請你務必要求小孩再把你希望他做的行為重複一次，做對了之後馬上提供獎勵。像 Jack 的情況，Kelly 便要對 Jack 說：「你坐在椅子上的行為真是太好了！」然後再給他東西吃，這樣才會有好的效果。

想一想，有些家長或老師，在獎勵學生時是否也忽略了小細節？獎勵

時要注意，先說明獎勵的原因後再給獎勵品；而且，獎勵時請切記，三秒內必定要具體說出他的哪個行為是被你所重視而受到鼓勵的。若是他在對的行為之後又作了一些不該做的，那你就不該誇讚他、獎勵他；否則，你可能變成鼓勵他去做那些不被肯定的行為。

爸媽的 HOME WORK

觀察自己在獎勵孩子時是否及時？而且有簡單並準確地敘述孩子的某種行為是獲得獎勵的原因？

善用籌碼

有一次，我陪同家長帶著他的自閉症小孩去看病；當護士帶著針筒進來時，他便嚇得躲到病床下面去了。其他人想要將他硬拉出來，這樣的舉動卻讓他嚇得更退縮。

我則試著跟他交換條件……

我常對家長強調，在他們的手上要一直至少有十樣東西是他可以管制、而且是可以用來跟小孩子「商量」的籌碼。

這些籌碼可以是吃的、玩的、或是喜歡的活動等等；當我們需要小孩子配合時，只要他們願意配合，他們便可以享有他們喜歡的這些東西。當然，正常吃飯的權利可不能剝奪。

舉個例子。有一次，我陪同家長帶著他的自閉症小孩去看病；到了要驗血時，因為小孩子沒有預期要挨針，所以當護士帶著針筒進來時，他便嚇得躲到病床下去了。其他人想要將他硬拉出來再壓制好，讓護士可以驗血；這樣的舉動卻讓他嚇得更退縮。

我則是試著跟他交換條件；我對他說：「你若是願意出來驗血，指頭上扎一下就好，結束之後我們就去買漢堡。」他聽到「漢堡」這個他喜歡的東西，便慢慢地從床下爬出來，還伸出了指頭。本來幾乎就要成功了；可是，扎針對他來說實在太害怕了，所以又嚇得縮回去。

到了下午，孩子的爸媽又帶著他回到醫院。爸爸跟他商量，若是他願意驗血，他可以選一樣他想買的東西；孩子說他要去超市買電影DVD，爸爸答應了，他便伸出手來。爸爸因為擔心他掙扎，所以還是抱著他，然後在兩秒鐘內一扎搞定了。學生的媽媽原本主張，反正都搞定了，那就回家

吧，不用特別去買DVD了；但是爸爸認為，孩子很配合，不能不履行答應他的承諾。

爸爸的決定是對的。後來我去家訪時，聽他們述說這段過程。我對媽媽說，答應孩子的事情一定要兌現，他知道他的配合真的會有回報後，下次才願意再配合；若是你食言，下次就會發現再也沒法跟他交換條件了。他們雖然有自閉症，記憶力卻是一流，而且常比大人們聰明。

善用籌碼便能讓你的小孩在必要的時候願意配合；而且，答應了一定要做到，千萬不要糊弄任何一個小孩，否則之後要付出的代價會更大唷！

爸媽的 HOME WORK

將在〈要用對獎勵〉中寫的那十項會讓你小孩眼睛 blink blink 的物品跟活動，漸漸減少提供，培養他會為了非常想得到這些東西的動機，日後能配合你的期待。

把球給爸爸！

如果你正在看書，而且看得津津有味，我卻一直要你把那本書拿來給我，你會怎麼想？

我的朋友對我說，他兒子很不配合。我便問他發生什麼事，想瞭解一下前因後果。

原來，他兒子昨天在玩球時，他對孩子說：「來，把球給爸爸！」說了三次，小傢伙總算有回應，雙手捧著球來到他面前。但是，當他伸手去拿球時，這小傢伙竟然用雙手緊緊抓著球，沒有要給他的意思；他想硬搶，卻發現兒子死命抓緊球，就是不給他……

我問他為什麼一定要向兒子要那個球？

他說：「培養孩子的服從能力啊！」

我又問：「你向兒子要球的時候，他在做什麼？」

他說：「自己在玩球啊！」

我反問：「如果你正在看書，而且看得津津有味，我卻一直要你把那本書給我，你會怎麼想？」

他說：「我可能會覺得你有病吧！」

我說：「這就對了！想想你兒子的心情，他才一歲不到，『玩』對他來說是很重要的事；你卻一直打斷他，而且還要剝奪他玩球的樂趣。再說，他也不知道你把球拿走後會不會還他，他當然不可能配合你嘍！」

因此，教小孩時能夠將心比心，你就會比較瞭解孩子的感受，進而更有效率地教育他們。因此，你不希望別人如何對待你，或是你不會對其他

大人做出的行為，也請你尊重你的小孩，不要這樣對待他們。

話說回來，若是要訓練孩子配合，完成你希望他作的事情，可以從邀請孩子來跟你玩他喜歡的遊戲開始：「請你來跟爸爸一起玩球好嗎？」若是他願意加入你、跟你一起玩，其實就是一種配合了。

或是把他喜歡的東西拿給他，對他說：「來，球給你，要拿好呵！」這樣便是比較合理的要求。

千萬不要一廂情願地以為，你想跟孩子玩，他就應該配合你；或是以為你比他年紀大、比他高壯，就要他聽從你。如此一來，你便示範「強人所難」跟「以大欺小」的身教了。

爸媽的 HOME WORK

觀察自己是否曾在孩子正在開心地玩他的玩具或是看電視時，硬要他來完成你指定他要做的事情？有的話，請記錄是哪些事情。

何必聲聲催

應用行為分析論很強調「觀察」。當你的小孩不願意配合你要他做的事情時，你要去觀察他不願意的原因是什麼——是沒能力、沒動機、還是沒把握做？

在教導小孩子的時候，父母與老師有時候因為心急，常常對小孩聲聲催；只要他們不願意配合，大部分的成人常會一而再、再而三地催促孩子要配合。如此一來，可能會催得孩子心煩，甚至根本排斥配合或學習。

基本上，在孩子不是很有動機的情況下，一定要記得找他喜歡的事物開始讓他學。要常確定你手上有足夠的籌碼讓你的小孩有興趣；否則，就

算你催促他去做了你要求的事情之後，由於他不是心甘情願，久而久之，你的催促就成為非常令人厭煩的一種連結。

因此，若是你要求你的孩子做某些工作，卻被他拒絕時，記得要使用另一種他更願意配合的方法來引起他想配合的動機；要注意的是，這兩個要求須大約相距十五秒左右；否則，你原本想要提醒他做事的好意，就會變成是你心急地催促，讓他感受到壓力。久而久之，他就會越來越怨恨這些你要他做的工作，如此一來就弄巧成拙了。

應用行為分析論很強調「觀察」。當你的小孩不願意配合你要他做的事情時，你要去觀察他不願意的原因是什麼——是沒能力、沒動機、還是沒把握作？

有些小孩不願意配合，是因為能力還沒有到那個程度，所以每次做、每次錯，他當然就更不想做嘍！在這樣的情況下，你就要想辦法協助他培

養做某件事的能力。

若是沒動機，則是因為你要他做的事情他覺得事不關己，也不覺得有必要做；或是做好了也沒有任何好的回饋，那他當然不想做嘍！這時，當然就要孩子瞭解完成這件事情的重要性，並且能夠從中得到正面的回饋。

至於「沒把握」的情況則是，有些小孩子從小被身邊的人誇讚他聰明；所以，只要會讓他失敗、「不聰明」的事情，那他寧可都不要試。這個時候，便要從心理的建設做起；要讓小孩子瞭解，很多事情成功與否，都與他的聰明才智沒關係，有時候只是努力的方向對或不對而已。

總而言之，相同的行為背後會有不同的原因，便要用不同的方法來對治，才有可能立竿見影。否則，光靠你的聲聲催，只會讓你的小孩害怕你開口跟他說話；因為，只要你開口說話就是要催促他。如此一來，你只會看到你的小孩越來越被動、越來越不喜歡做事情嘍！

爸媽的 HOME WORK

記錄你每天花多少時間在催促你的小孩做他該做的事情？並想想如何應用本書的技巧去引導孩子。

躲到廁所去笑

有很多家長曾跟我抱怨，他們的小孩常作出一些讓人很困擾的動作；當他們要制止孩子時，他們卻都不願聽話。經過觀察後，我發現……

很多父母親都有過經驗：看到學齡前小小孩的某些動作跟表情實在太可愛了，就忍不住地大笑。

不過，你這樣的大笑反應，就像是對孩子的鼓勵；此後，你便會不定時地看到孩子表現這個「可愛」的行為。若這個行為無傷大雅，也沒有什麼負面影響，那當然就無所謂；可是，那樣的行為如果不是孩子的合宜行

為，你便要「一笑引千愁」了。因為，你在看到小朋友第一次出現這樣的行為時忍不住大笑，讓小朋友誤以為他的行為可以博取你的歡心，便會一而再、再而三地出現同樣的行為。

有很多家長曾跟我抱怨，他們的小孩常作出一些讓人很困擾的動作；當他們要制止孩子時，他們卻都不願聽話。

經過觀察後，我常會發現其實是因為家長言行不一——雖然他們的動作是要制止小孩，但表情卻很開心、笑容滿面。

因為兩、三歲的小孩有時候只看得懂父母的表情，對大人說的話其實似懂非懂；如果你繼續「開心」地阻止孩子，我保證他鐵定常常讓你覺得事與願違，甚至好像火上加油。

所以，想要制止孩子的不當行為時，請記得：想笑也要躲到廁所去笑呵！

爸媽的 HOME WORK

觀察自己，是否在孩子明明做了你不喜歡的事情，你卻還是對著孩子笑、覺得很好玩？有的話，想想該如何避免讓孩子以為你是在鼓勵他。

「數到三」該換新招了

有時候，你希望三分鐘之後要帶孩子出門，可是孩子正玩得起勁；有的父母就會開始用嘴巴當計時器：「我數到三呵！你再不走就不管你了。」

我在教學上廣泛地使用計時器，當然也都推薦給身邊有嬰幼兒的朋友。

當你跟小孩說「等一分鐘」的時候，小孩子怎會知道一分鐘有多久呢？對於還不會看數字的小孩，我們會教他看有長短針的計時器，甚至可以作上記號，讓他知道長針指到哪或短針指到哪，就是時間到了。

有時候，你希望三分鐘之後要帶孩子出門；可是，孩子玩得正起勁，可能無法從原本正在做的開心事轉換成要出門的心情。有的父母就會開始用嘴巴當計時器：「我數到三呵！你再不走就不管你了！」其實，有時候反而會造成反效果。因為，有些小孩可能心裡想：反正要數到三，那我就在數「一」跟「二」的時候依然我行我素；而且，大人在這樣的溝通模式裡語氣常帶威脅。所以並不合適。

事實上，類似這樣的情形，使用計時器就是一個很有用的方法。當然，若是能夠配合「預報」效果更好；例如，明確讓他知道再過十秒就到三分鐘了。

不過，要提醒想使用此法的家長，平常就要和孩子做這樣的演練；等小孩子慢慢習慣了，才正式使用這個方法。可別在你急著要出門的時候忽然使出這招，便要孩子馬上配合，那是有困難的。

當然，好的習慣要愈早養成，從小建立。可是，如果你沒有機會在孩子小時建立、等到孩子大一點才要開始使用的話，孩子一開始可能會用哭鬧測試你會不會妥協。

萬一孩子使用哭泣為武器時，我會堅持一些原則；比方說；我會很溫和地讓孩子知道，要求任何東西前必需先冷靜，才可以談他要什麼；換句話說，就是讓孩子瞭解，是他安靜配合的行為，贏得他可以跟我們商量的機會。然後，我會用我的態度讓他知道，用哭來要求他想要的東西是不會有效果的；所以，我會有計畫地假裝忽視他這般用哭來控制人的行為。當然，這是要在沒有安全顧慮的情況下；所以，雖然假裝忽視，但眼角還是要隨時觀察孩子的動向。

根據我的經驗，幾乎只要有使用計時器的家長，都會發現他們的小孩可以自己把握時間；在時間快到前，就會準備進行下一個該做的事了。你

也可以試試看呵！當然，原則不變，只要小孩配合，記得一定要讚賞他，甚至提供獎勵品；因為，在開始建立新行為時，這樣的鼓勵會讓他下次更想配合。等行為漸漸成形後，就可以慢慢地使用間斷性的方式將這些獎勵漸漸淡化嘍！

爸媽的 HOME WORK

從跟小孩玩時開始練習使用計時器。比方說，拿出三種玩具，先玩一個；當計時器響起時就要放下正在玩的玩具，接下來玩下一個玩具。從遊戲時學會聽從計時器的規則開始，慢慢到遊戲跟功課穿插。（請針對不同的小孩設計不同的方式）

孩子，哭「不得」

根據應用行為分析論，我們主張：若是小孩想用哭泣得到他想要的東西，就要忽視他們哭泣的行為，讓他們知道哭並不能達到目的。

我的指導原則是……

爸媽教導幼兒時應該都會發現：小朋友在得知哭聲可以控制一切時，便會無所不用其極的哭給你看。因為，哭得一把鼻涕、一把眼淚之後，你肯定會妥協。

根據應用行為分析論，我們主張：若是小孩想用哭泣得到他想要的東西，就要忽視他們哭泣的行為，讓他們知道哭並不能達到目的。

我的指導原則是：非要等到小孩哭泣的空檔，才可以提供他要的；要

讓他知道，是在哭泣停的那一刻，他才會得到他需要的。若是你提供的時間點正是他狂哭的時候，那他學到的便是，只要「他哭到最高點」，他就會擁有一切。

但是，有很多人質疑：這樣讓小孩哭，不是很不人道嗎？

因此，有些我們的同行會比較提倡，當小孩子有這樣的情緒出現，在還沒有爆發之前，儘量提供其他對這小孩有特別價值的人事物來讓他轉移注意力，然後重新指導他下一個要遵從的步驟。

我想，這樣的方法應該會比較讓大部分家長所接受。因為，每一個哭聲都會刺痛這些疼愛小孩的父母親；要這些父母親十幾二十分鐘不管小孩的哭鬧，大概會讓這些父母都心碎。

所以，若是你不希望你的小孩狂哭，然後弄得你自己束手無措，那就試試以下敘述的方法：先轉移孩子的注意力，再使用合適的指令讓他練習

聽從。若是很不小心的，真的讓小孩哭起來了；要記得，當他停下來的空檔，才是跟他互動的機會。儘量趁著這空檔跟他說話，轉移他繼續哭的理由；讓他知道，只有停止哭泣才有商量的餘地。如果他繼續哭，那你就繼續裝忙。

只要在沒有危險的情況下，面對小孩子使用哭泣作為武器時，家長千萬要好好處理，以免孩子的哭泣成為你長久的夢魘。所以，哭泣停止的瞬間，就是家長把握的正確時機。

爸媽的 HOME WORK

偷偷觀察你的小孩，哭的時候是否只有哭聲、沒有眼淚？或是一邊哭、一邊瞄你有沒有在注意他？若是，請採取本書的技巧，不要讓孩子養成以哭為手段的習慣。

讓鴿子最瘋狂的增強計畫

有些人很難戒掉賭博，一直想試手氣的原因，就是因為他知道一定會有機會贏錢，但不知道是哪一次，所以便會想一直試下去。很多小孩跟父母親要求東西的行為也是如此……

在行為分析論裡有一個增強計畫表 schedule of reinforcement，這計畫表裡分別有持續性的增強跟中斷性的增強。顧名思義，持續性的增強 continuous reinforcement 指的是，每次學習者表現得好時就有獎勵；中斷性的則比較複雜，包括固定比率與固定間距 fixed ratio/interval 以及不固定比率和不固定間距 variable ratio/interval。

在這些增強計畫中，讓實驗室裡的鴿子最瘋狂的，便是不固定比率性的增強計畫；而這樣的增強方式，在我們的生活裡其實影響非常深遠。

在實驗室裡，當你使用不固定比率的計畫表時，鴿子知道會有獎勵，卻因為不知道哪一次去啄食物盤時會有獎勵品，所以它會不停地啄。

在教學過程裡，我們在持續性的增強計畫表實施後，當學習者的新行為已經建立起來後，我們會開始使用固定比率的中斷性計畫表，最後便是使用不固定比率的計畫表。因為學習者會不知道你哪一次會提供獎勵品或是誇獎，所以他會一直持續做出你所希望的行為，這個行為最後就會因此而定型了。

藉由這個理論，可以類推為什麼有些人很難戒掉賭博、或是賭場裡的人為什麼想一直試手氣的原因；因為他知道一定會有機會贏錢，但不知道是哪一次，所以便會想一直試下去。

很多小孩跟父母親要求東西的行為也是如此；因為他知道，只要他堅持得夠久，父母便可能妥協，他就會得到，所以他就持續地一直試——狂哭、狂吵、或狂撒嬌。他們會像鴿子一般，一直跟你試下去。

我有兩個有小孩的朋友；A君常會找我問一些新的幼兒行為教學法，B君卻對所謂的現代教學法不以為然；而兩個小孩的表現，便有所不同。

A君的小孩知道，若是要求不合理或危險的事物，父母說不行那就是得不到了；所以，當他的要求被父母拒絕後，他就知道那是不能玩的東西。大部分的時間，他會很配合地守規則；就算偶爾情緒化地啜泣幾聲，也會隨即去玩他平常被允許玩的東西。

相對地，聽說見過B君小孩的朋友都知道這小孩超能哭，可以狂哭一小時以上。我問這對夫妻的好友，他們是不是在孩子狂哭後都會給孩子所要求的東西？

他驚訝地說：「妳怎會知道？」

我便用上述的鴿子行為模式來說明：那個孩子顯然已經學會——只要他持續試下去就會得到，所以才會一直哭個不停。

我的教授常有感而發地說，家長若無法堅持不給，那還不如乾脆一開始就給；否則，會把他的行為訓練得更有韌性，家長也會被孩子吵得心煩。不過，我還是鼓勵家長們讓小孩知道，不可以的就是不可以。

再舉個例子。我朋友的女兒以前常吵著要進廚房看他媽媽炒菜；一開始，他們擔心危險，所以不給她進去；久了以後，那小孩便知道只能站在廚房門口。

有一天，我朋友緊張地對我說：「怎麼辦？我女兒現在老是站在廚房門口吵著要進去看。」

我問他：「你家是不是有人曾經讓他進去過？」

他不好意思地說：「對啊！我媽覺得抱她進去看看應該沒關係。」

唉！當然有關係！如此一來，孩子便會覺得，既然上次可以，這次應該也可以嘍！

我對朋友說：「堅持下去吧！若你真的覺得廚房危險，那你當然要貫徹才行。」他們又堅持了幾天，女兒終於又恢復只會站在門口看；即使門口的小柵欄並沒有拴上，她還是只會站在門口看。

希望家長們都能從小就訓練家裡的小朋友「遵守原則」的習慣；若能如此，家長跟孩子都會很輕鬆！

爸媽的 HOME WORK

觀察自己是否曾經明明本來不願意答應孩子某件事，卻在他幾番要求下就答應了？這樣會讓他以後要求的韌性越來越強呵！請想想該如何堅持吧！

孩子為何吐口水？

有位學生看見媽媽和我在說話，沒人注意他，就藉著吐口水來引起注意。當他發現仍沒有人注意他、制止他時，就開始變本加厲。他的母親終於按捺不住，像平常那樣破口大罵……

有一天，我去拜訪一位學生家長；我的學生是五歲多的小孩，獨生子。

當我們很認真地談話時，我的學生卻跑到落地窗外，對著他媽媽可以看見到他的角度，開始吐口水。

我知道，孩子一定是想藉這樣的負面行為引起媽媽注意；而且，平常也唯有這樣才能馬上引起媽媽注意。

我便故意移動我的椅子，想遮住家長的視線；可惜學生的母親不太清楚應用行為分析論，所以不斷地被我學生的行為干擾。我暗示家長，孩子就是看見我們大人都在說話，沒人注意他，所以才藉著吐口水來引起注意。於是，母親便試著不糾正他。

不過，孩子此時可能會產生Extinction Burst消弱暴漲的現象：平常原本只要搗蛋一分鐘就可以得到注意，現在竟然沒有人注意到他，出乎他的意料，讓他很不習慣；因此，不良行為便會快速增加，想藉此測試你的忍耐度，看你到底會不會因而注意他。

當他發現媽媽並沒有注意他、制止他時，果然開始變本加厲地吐口水，還加上清喉嚨；如果他一開始的吐口水像是毛毛細雨，現在簡直就是雷聲隆隆的狂風暴雨。

這樣的行為我見多了，知道這是一定的過程，所以我從頭到尾保持一致的坐姿。但他的母親可就坐立難安了，終於按捺不住，像平常那樣破口大罵：「你給我停止吐口水！給我進來！」

那時，孩子一定在心裡面大叫：「耶！我贏了！我就知道妳一定會看到我吐口水的……」

小孩子正值似懂非懂的年齡，才不管你是罵他還是數落他，反正被罵又不痛不癢，他可以選擇聽或不聽；可是你罵他的時候，就沒有時間作其他的事情，而且要將全部的注意力都放在他身上。想想看，若是吐口水或是做點令父母親討厭的事情就可以得到他們的注意，那有何不可呢！

你的小孩若也常這樣做一些他不該做的事情來引起你的注意，那就表示，他做正常的事情時大概都得不到你的注意，所以他需要使用另一種反常的方式來引起大人的注意。

若是你希望你的小孩停止使用負面行為的方式來引起注意，便須從現在開始，每當他在做他該作的事情時，就常常鼓勵他，讓他知道你有看到他的好；如此一來，那些用來引起注意的負面行為才有可能漸漸消失。

爸媽的 HOME WORK

記錄最近你責備你孩子的是那一件事情？分析一下ABCs，看看他那個行為是不是一再出現？再檢視這行為的功能是不是為了得到你的注意力？

教孩子遵守規則

想讓孩子從小建立良好的生活習慣，只要善用小孩子那種想要模仿大人的關鍵期，讓任何東西都變得有趣的互動，便可以藉由逐漸塑造的過程實現。

我對幼兒一向給他們很多的自由；但是，這樣的自由背後是有約束力的。我都會讓他們知道，他們若是要享受自由就要遵守規則。

這個年紀的小孩有很強的好奇心，每個東西都要摸摸看，這是他們瞭解這世界最直接的方法；因此，我們要給他自由去探索，以免這樣的動力被壓抑後，造成他以後害怕嘗試或是不再好奇。但是，我們也要讓他守住

一個原則，就是他玩過的東西都要自己歸位。

如果是精密的高科技產品，很可能一不小心摔了就會壞，或是按錯鍵就會錯亂的，就更要教導他如何正確使用。當然，想玩的東西需以安全的角度為重要考量；像是電線、插座、瓦斯、滾燙的熱水等等，當然都是該嚴格禁止的。

基本上，在小孩的眼中，每樣東西的功能跟成人的用途是不一樣的。比方說，你覺得電腦是要來處理文件或是上網；對他而言，他怎會知道上網是什麼？他可能覺得螢幕看起來亮亮的很有趣，或是鍵盤按起來的聲音也很吸引他。

所以，若是你開啟電腦，他可能只想用手摸一摸螢幕、敲一敲鍵盤；一般來說，家長可能覺得麻煩，因此就是不讓幼兒有機會接觸這些東西，或是疾言厲色地要求幼兒不要碰電腦。只是，越是大人叫他不要碰的東西，他越是非碰不可。其實，這對家長來說，是啟發孩子智慧的好時機；因為，越能引起孩子動機的東西，我們越能鼓勵小孩使用及學習。

但是，就像我說的，自由是要建立在遵守規則之上。因此，我會詢問孩子：你想玩電腦嗎？若是幼兒表達肯定的意願，那就要跟他約法三章。例如，媽媽可對他說：「你按照媽媽的方法，媽媽就可以讓你玩電腦。」然後，你可以教他螢幕可以「輕輕」地摸摸看，滿足他的好奇心。

他可能不知道「輕輕」的意思，所以你可以牽著他的手去摸電腦，然後慢慢將你的手放掉——這是「淡化」的步驟，看他在沒有你輔助的情形之下，能否自己獨立地輕輕觸摸。若是他可以，就讓他去探索；若是不行，你先用言語提示他：「來，我們要輕輕摸呵！」若是他還是不習慣輕輕摸，你可以再給他一次機會，牽著他的手，用你要他使用的力道去摸電腦。

若是你已經給他兩次機會他都不願配合，我們可以輕輕地將電腦移開、蓋起來，跟他溝通：如果他想玩電腦，你希望他怎麼做；然後，讓他在你手上或是桌上練習輕輕摸的動作；當他已經練習好了，再提供電腦給他試。孩子此時若是哭鬧，父母該守的原則要守住；要讓他知道，想要得到任何東西，都是要等他停止哭泣、安靜下來之後，才有商量的餘地。

若是他配合你的方法，成功地依你的期待去探索電腦，你可以獎勵他說：「寶貝，你能輕輕地摸電腦，做得很棒呢！這樣的話，媽媽下次還可以讓你玩電腦呵！」

最後，不管玩哪些東西，物歸原處是很重要的。家長應該提供一個玩具箱或是一個玩具專用櫃給孩子，玩具都存放在這個固定的地方。他每次可以從中選擇幾樣他想玩的東西；但是，若是玩累了想換其他的東西；他就先要將這幾樣玩具歸位後再挑選其他的玩具。

當然，在教學的步驟裡面，你一開始要先示範；你每次從這個地方拿出要給他們玩的玩具，邊作邊說：「你看，玩具都放在這裡，用過也要放在這裡呵！」等他已經能將「玩具要放在固定位置」的概念連結時，每次他玩過玩具後，你就要帶著他一起收拾。

一開始，你可以拿一兩樣玩具讓他放，甚至把玩具歸位弄得很有趣，像是可以加上你的口頭音效搭配：「嗡嗡嗡，小蜜蜂要飛回家睡覺嘍！」等幼兒越來越習慣收拾，你可以開始示範你希望他放玩具的規則，讓他看見你的期待；他腦海若有了影像，比你口頭形容千百遍有效。若是他能配合收拾，鼓勵是一定要的（記住，要鼓勵行為而非鼓勵人）；萬一他無法配合，他接下來想玩其他玩具的權利就會有所調整。

通常，這樣的習慣養成了以後，你就可以慢慢地教他，玩過、用過的東西都要歸位，比如電視遙控器、奶瓶、書本等；你會發現，養成這樣的

行為後，他們通常就會類化到越來越多的東西上。你之後只需要在旁邊發號施令：「來，用完後我們來歸位。」即使是到公共場所，這些行為也會持續地類化！

事實上，想讓孩子從小建立良好的生活習慣，只要善用小孩子那種想要模仿大人的關鍵期，讓任何東西都變得有趣的互動，便可以藉由逐漸塑造shaping的過程實現。雖然家長一開始可能需要多花點時間；但是，事後回收的成果，會讓你教育小孩越來越輕鬆！

爸媽的 HOME WORK

檢視一下：你跟你孩子們之間訂立的規則，是不是每次都徹底執行？執行的時候你是不是都是和顏悅色地與他們溝通？當他們確實執行時，你是不是有及時、適時地提供他們喜歡的獎勵？

避開孩子挖好的陷阱

我的助理常在我去瞭解學生的表現時，跟我敘述他怎樣「說服」我的學生。這樣其實滿辛苦的，我便傳授一招「無聲勝有聲」的技巧……

我的教授們都說，小孩其實十分聰明，知道如何生存；所以，千萬要用冷靜的頭腦來面對小孩的行為，別老是以為小孩什麼都不懂。

應用行為分析論強調，所有的行為背後都有功能；因此，當你的孩子一直跟你爭執時，我可以用我的經驗提醒你，他正在一步步地拉著你到他設定好的陷阱。

你一定要相信，你生出來的絕對是聰明無比的小孩；當孩子在跟你爭執時，他也在測試到底可以爭取多少。在我們面對這樣的小孩子時，通常對話越簡略效果越好；這可以讓你的小孩知道，繼續爭辯下去毫無意義。

我的助理常在我去瞭解學生的表現時，跟我敘述他怎樣「說服」我的學生。這樣其實滿辛苦的，我便傳授一招「無聲勝有聲」的技巧——當學生跟我討價還價的時候，我都簡單地說「喔！這樣呵！」或是說「謝謝你跟我表達你的想法；可是，我的決定目前不會改變。」便繼續做我的事情。

通常，學生會覺得自討沒趣，而改變跟我爭辯的想法。然後，我會適時地用冷靜的語氣提示他，遵照我們原先約定的方法執行的好處；或是告訴他幾項選擇，讓他知道我的底線只有這樣，不會因為他的爭辯而不同。

基本上，到目前為止，這種做法的效果都如我所希望的，你也可以試試看呵！

爸媽的 HOME WORK

記錄一下，你一星期花多少時間在跟你的小孩爭執或是勸說？把這一星期的時間乘上五十二周，這就是你一年花在跟你小孩爭執的時間。想想看，如何採用本書的技巧，減少與孩子之間的爭執。

緩衝的技巧

當你正要忙的時候，你的小孩卻忽然哭鬧或堅持要你陪。這時候，就需要緩衝的技巧協助你改善這樣的情形。

很多家長可能常常遇到某種狀況：當你正要忙的時候，你的小孩卻忽然哭鬧或是堅持要你陪。這時候，就需要緩衝Cushion的技巧協助你改善這樣的情形。

要怎樣緩衝呢？當你需要忙碌一段時間時，你可以跟你的小孩說：「媽媽／爸爸現在先陪你三十分鐘，三十分鐘後我要做一下別的事情呵！」這三十分鐘你便可以為小朋友說故事、一起玩他喜歡的遊戲、或是

抱著他看電視。

這樣的預報 warning 技巧，可以讓小孩心理有準備；再加上有緩衝的過程，他不會因你不能陪他了而感到失落。當你陪伴他的時間快結束的時候，你又可以再預報一次：「媽媽／爸爸再五分鐘後要去忙了，到時候你要自己玩呵！」若是可以，就讓他知道你會忙多久，讓他有心理準備，知道要再等你多久。

幸運的話，你的小孩會乖乖一個人繼續做你剛剛陪他一起做的事；萬一他不願意，這時候就要用我提到的另一個技巧搭配：讓他知道你陪他三十分鐘後，若你要忙其它事情時，他就可以玩或是吃他平常不能得到的東西。這就是為什麼我常強調家長手上要有五到十項增強物，是孩子大部分時間得不到的，這樣你才會有籌碼跟小孩商量；如果他要什麼有什麼，就沒有讓他想配合你的動機了。

大原則不變：孩子若是配合地一個人做他的事而沒有打擾你，你一定要適時地鼓勵他，給他很多注意力；千萬不要老是小孩不配合的時候才罵小孩。久而久之，小孩就利用你罵他的過程，得到你的注意力。所以，可以運用緩衝的技巧，來預防孩子因為你不陪他而用負面行為想引起你的注意。

爸媽的HOME WORK

準備好孩子喜歡玩的玩具或喜歡吃的食物；當手邊有事而孩子又堅持要你陪時，試試本文說明的緩衝技巧。不要忘了適時給予配合的孩子獎勵的原則呵！

讓孩子自己善後

有一次，小外甥邊喝水、邊把水吐出來，弄得衣服及地上都是水。我娘口頭制止他，不過效果不好。我便運用「從後果學習的理論」……

我家大姊在客廳幫小外甥準備了塑膠小浴缸，當成玩具球池，讓他可以坐在浴缸裡玩，他還挺喜歡的。

不過，在選擇要進到浴缸裡面玩的玩具時，他卻把裝在網子裡的球倒了一地。我爹看了就說：「哦唷！倒了一地，待會兒我們要撿很久。」

我跟爸爸說，當然是小外甥撿嘍！當你手上有孩子想要的東西時，你

便有籌碼可以跟他溝通，練習該作的事情；趁著外甥有很強的動機想要坐在浴缸玩耍時，我就可以跟他交換條件。

我對他說：「來，我們把球撿到球袋裡，再去浴缸。」他聽了我的話，便乖乖撿好了球，自己爬進浴缸。

還有一次，小外甥不知道是否因為喝水喝太大口嚥不下去，好幾次一邊喝水、一邊把水「噗」地吐出來，弄得衣服及地上都是水。

一開始，我娘用口頭制止他，不過效果不好，他還以為是玩遊戲呢。我便運用「從後果學習的理論」，讓他自己承擔後果，來調整他的行為——

一、每當見他吐水出來，我就把他的水瓶拿走；

二、要他負責把弄濕的地板擦乾淨；

三、我的表情平靜但嚴肅，讓他知道我並不覺得有趣；

瓶。

四、當他說要喝水時，我向他強調，水一定要喝下去，我才會給他水

幾次下來，他覺得這樣吐水沒有觀眾，而且還要擦地板，就乖乖地正常喝水了。

總之，除非是有危險的事情，我會有原則地不讓小孩去作；否則，規矩就是：「你作過的，你就要善後。」從小便要讓孩子養成這樣的習慣。

爸媽的 HOME WORK

檢視一下：你小孩每天弄亂的地方，你有沒有分工、讓他幫忙整理？請從簡單的、他有能力辦到的部分讓他參與。

訓練坐餐椅

大姊交代，要把小孩訓練到可以坐在餐椅上。
我先好好地觀察外甥，發現：他十分喜歡我們不常給他吃的小零食。
因此……

回到台灣時，花了點時間與外甥相處。大姊交代，要把小孩訓練到可以坐在餐椅上。這個難不倒我；方法對了，通常一兩次就會成功了。

我先好好地觀察我的外甥。我發現，他十分喜歡我們不常給他吃的小零食，因此會有足夠的動機來配合。然而，他才一歲五個月，仍是以手指拿東西吃為主的時期，還不會純熟地使用餐具；因此，要可以讓他使用手

指吃、卻又不太需要清理的東西比較恰當。後來發現，小小顆的喜瑞兒、蔓越莓還有松子等，都是合適的零食，而且可以放在他的嬰兒用小杯子裡。

我便拿著外甥愛吃的喜瑞兒對他說：「你坐到餐椅上，阿姨給你吃喜瑞兒。」哈哈，交易成功，他馬上配合地坐到餐椅上。我先誇讚他願意坐在餐椅上吃東西，然後便將喜瑞兒倒進他的專用杯，讓他有主控權。

很多大人平常很怕小孩吃東西時弄得到處都是，所以寧可自己餵小孩、或是不准小孩碰食物；像這樣可以自己拿、自己吃，吃快吃慢或吃幾顆都由自己決定，對他而言是很大的動機。所以，他二話不說，相當配合。

此外，我讓他手上握著一個小紅球，餐桌上還放了一隻電子狗；那是我從美國帶回來、會搖頭晃腦同時發出電子音樂的小狗。根據我的觀察，

我小外甥的年紀喜歡觸摸東西；所以，他幾乎沒有一刻會乖乖地坐著；而是不停地到處摸、四處碰，注意力沒有一分鐘會放在同一個東西上。

所以，我就讓他一邊吃他愛吃的東西，一邊手裡拿著他喜歡的玩具、聽著電子狗發出音樂；如此一來，他有吃、有玩、有音樂聽、還有搖頭晃腦的小狗可以看，他就更願意坐在餐椅上吃東西嘍！而且，他還會一邊吃，一邊配合我要他說的「讚」並加上手勢呢！

在很多教導小孩的計畫裡，家長一定要把握一個原則：在這計畫裡的所有配備都齊全了才開始教。小孩子有時候耐心很短暫，你必須一個動作接一個動作，要給的東西也要一個接一個地快給，這樣他會因為不必忍受等待的挫折，而加倍願意配合！

爸媽的 HOME WORK

檢視一下：你的小孩吃飯時，是坐好吃飯，還是你要追著他到處跑？思考一下，你可以如何用本書的技巧讓孩子乖乖吃飯？

教孩子自己吃飯

很多家長一方面怕小孩把家裡弄髒，一方面覺得讓孩子自己吃飯很慢；所以，一些年齡已經滿大的孩子，還被爸媽當作皇帝一樣地侍候：這對家長及孩子來說都不好。

讓小孩子自己吃飯，其實是一個訓練他們眼手協調的好機會；因為，要能夠好好協調眼睛、手跟嘴巴，才能把食物送進口裡。

很多家長一方面怕小孩把家裡弄髒，一方面覺得讓孩子自己吃很慢；所以，我常常看到一些年齡已經滿大的孩子，還被爸媽當作皇帝一樣地侍候。我認為，這對家長及孩子來說都不好。

吃飯的動作需要大肌肉還有小肌肉的統整，這樣手臂才能彎曲，手腕才能靈活地將湯匙的食物送進嘴裡。

我訓練我的小外甥，先讓他用手指拿東西吃，再來便使用叉子。叉子不像湯匙，需要以特別的角度拿好，否則食物會從湯匙裡掉下來；因此，通常我都會讓幼兒先練習用叉子吃東西——大人先插好食物後，遞給幼兒自己吃。

等他練習到可以準確地將食物送進嘴裡、而且姿勢也都很順手時，我就會讓他們練習使用湯匙。

孩子的生活學習，還是一句老話：一回生，二回熟。當小孩子越能夠自己照顧自己時，父母親就能越輕鬆；而且，藉由自己吃飯練習眼手協調，還可以協助他往後學習使用雙手及眼睛的技能時，可以更容易上手。

所以，家長千萬不要輕忽孩子吃飯動作的學習呵！

爸媽的 HOME WORK

你的小孩是自己吃飯或是你還在餵他？可以從適合他用手指吃的食物開始訓練他獨立吃東西的能力；等他的手部力氣可以拿合適的餐具時，讓他自己慢慢學著吃。
若是小孩早就已經會吃飯了，看他會不會自己扣釦子、拉拉鍊、綁鞋帶？這些動作的學習，都有助於他手部的肌肉與運動神經的發展。

當孩子只對幾樣東西有興趣

使用「搭配」跟「刺激」控制的技巧，可以讓孩子對原本沒有興趣的玩具生起興趣，甚至可以發展出多種玩法。

很多家長問我：若是小孩子只執著幾樣玩具要怎麼辦？

我的經驗是，使用搭配 pair 跟刺激控制 stimulus control 的技巧，讓我外甥對原本沒有興趣的玩具生起興趣，甚至可以發展出多種玩法。

小外甥有一組積木，是把所有的積木排在一個固定的板子上；當外甥這樣的玩法玩到不想玩時，我讓他看我把積木一個個地疊在一起。

當他一邊玩時，我在旁邊跟他開心地說：「你看！將積木疊在一起

好好玩呵！」我用很興奮的語氣來跟他玩；而且，每當他去碰觸那些積木時，我就用鼓勵的語氣跟他說：「對！積木很好玩，我們也可以把他疊起來！」

因為他才一歲半，所以他一開始很難把積木對準疊高，我便牽著他的手先對準一次；練習了一兩次之後，他就可以把積木接起來了。後來，他把積木排在一起排到覺得有樂趣了，還特地拿來給我看，開心地炫耀說他可以自己完成了，我當然好好鼓勵了他一番。

後來，當我不在時，他也會跟阿嬤玩積木疊高的遊戲，還在排完後自己作出「萬歲」的動作鼓勵自己；這是在行為訓練裡面的最高境界——自我鼓勵，而且還把這樣的行為類化到與其他人的互動。

我原本是想藉由玩積木的過程，讓孩子練習眼手協調；沒想到他的學習力很好，一兩次就學會這些技巧，而且還能感到有趣。

所以，若是你的小朋友只對某幾樣東西有興趣，不妨查閱更多關於「pair」跟「stimulus control」的詳細資料吧！

爸媽的 HOME WORK

你是不是孩子的「鼓掌隊」？試試看，有沒有辦法把一個孩子平常覺得很普通的玩具，玩到讓他覺得很新奇？

誰偷了孩子的生活學習

我一向強調讓幼兒從日常生活裡面學習；所以，我非常鼓勵家長嘗試讓幼兒作他們可以負荷的家事。當然，這是有技巧的。

很多家長都因為太愛護他們的小孩，常不讓孩子參與家事，或是認為小孩子不會作家事，所以常讓小孩失去很多學習的機會。

我和一些學教育的朋友們可不這樣想；我們覺得，只要有讓小孩學習的機會，我們都不會放棄。參與家事應該是從小做起，訓練小孩把家裡的事情當作自己生活的一部分，從做家事中學習到觀察、問題解決及參與的能力，還能培養責任感。

我一向強調讓幼兒從日常生活裡面學習；所以，我非常鼓勵家長嘗試讓幼兒作他們可以負荷的家事。

當然，這是有技巧的。幼兒對生活周遭很多事情剛開始都覺得很新鮮，所以一定要善用他們這樣的動力。因此，當小孩看著大人吃完飯在收碗筷時，若他也想跟著收，那當然就讓他幫忙嘍！可能很多家長會擔心他們太小作不好，那就找他們能作的給他們作；一回生、二回熟，千萬不要忽視任何一個讓幼兒學習的機會。

所以，當他第一次協助大人時，要適時地給予很大的鼓勵；我常常跟家長說，只要在旁邊有技巧地當鼓掌隊，他們的日子就會越來越輕鬆。千萬不要把自己的兒女當作小皇帝或是小公主來侍候；若是如此，等你想要他們幫忙時，你請都請不動；而且，他們還會覺得好像家事是爸媽的事情

似的。

當然，像廚房這樣的地方對幼兒是有危險性的；因為，有一些設備或是滾燙的東西，都會在幼兒還未發展出識別危險的能力時造成傷害。所以，我們會限制幼兒進廚房時需遵守指令；當大人說「停」的時候，就要停在廚房門口前；等到大人確認幼兒碰觸的東西不會有危險時，幼兒才能在大人的監督下進廚房。

其實，也因為越少讓他們進廚房，他們便會越好奇；所以，讓他們知道，只要他們幫忙收碗筷時就可以有進廚房的機會，這便成了鼓勵正面行為的增強物。

家長們不須一味地送小孩子去學這個、學那個；其實，最好的學習環境就在每天的生活裡。

爸媽的 HOME WORK

可以讓孩子從他覺得好奇心的家事做起，像是你在做家事時他很想幫忙的項目，請讓他一起做。一回生、二回熟，他會越做越好的。

火車上被打的小孩

帶著小孩出過遠門的父母親大概都知道，小孩會有在車上吵鬧的情形。父母命令小孩睡覺，偏偏小朋友不想睡，結果就被「啪」地一巴掌打下去。我真的很為這些小朋友叫屈……

從花蓮看完病的回家路上，在火車裡發現被打的小孩真多……他們到底為什麼被打呢？

帶著小孩出過遠門的父母親大概都知道，小孩會有在車上吵鬧的情形；沒有小孩的朋友們，也一定有在車上被其他小朋友或是教訓孩子的父母親吵過的經驗。

事實上，像這樣一直坐在車裡的長途旅行，連大人都會有無聊的時候，何況是這些精力旺盛的小孩？這些家長因為自己也累，就命令小孩要睡覺；偏偏小朋友不想睡，結果就被「啪」地一巴掌打下去。我真的很為這些小朋友叫屈……

當時，有個大約三、四歲的小弟弟跟他姊姊被修理得最慘。這樣的年紀，因為不能長時間乖乖坐著，他們的爸媽就一再用最直接的方式讓他們聽話。這兩位小朋友聽到父母親說「快到了，還剩一個半小時」的慘叫表情，我看了實在於心不忍；所以把他們叫到我身邊來玩我的電腦，總算讓整個車廂的乘客寧靜地度過剩下的一個半小時。

後來，有機會跟幾位在火車上打小孩的父母溝通，我對他們說，下次可以幫孩子們帶點玩具，讓他們學會自己打發時間；要注意的是，平時要將這樣的玩具控管好，在很關鍵的時機才讓他們玩，他們便會很珍惜。

你若是也有這方面的困擾，請試試這個方法吧！要記得，手邊至少要有三到五項東西是你的小孩平常沒有機會玩的；當有重要情境要讓他們安靜時，這些玩具就是你的法寶，可以拿出來讓他們玩個夠。那時候，他們玩都來不及，絕對沒空吵你！

爸媽的 HOME WORK

每次要搭很久的車子時，請將在〈要用對獎勵〉中寫下來的項目，讓你的小孩選擇幾樣帶在車上；在他們坐得不耐煩時，便拿出來讓他們玩吧！

來自小baby的挑戰

我朋友的小baby到餐廳就坐後，不斷地從他坐的高椅子爬起來；我跟他溝通：你若是乖乖坐好，阿姨就不會用安全帶扣住你。他可能當作我是在唱歌給他聽，便又站了起來。這下子……

有一次，我朋友的小 baby 跟我卯上；因為，他發現他爹竟然聽我的而不聽他的，所以到餐廳吃飯時就故意唱反調。不要以為二十個月大的小孩天真無邪；其實，大部分的父母通常都被這些看起來很純真的小 baby 騙了呢！

不喜歡吃就會隨地亂吐的孩子

我朋友的小 baby 到餐廳就坐後，不斷地從他坐的高椅子爬起來；我跟他溝通：你若是好好坐在椅子上，你就不需要扣椅子的安全帶。他可能當作我是在唱歌給他聽，便又站了起來；這下子，當然就被我扣在椅子上了。

他在餐廳吃東西時非常嬌氣，一吃到不習慣、或是太大口、或是想引起注意時，他就將嘴裡的食物直接吐出來。這當然是我朋友平常太寵他，幫他兒子找了太多的藉口，所以只要小孩子一吃不滿意，就會沿路亂吐。這讓我對家長很生氣；因為，這樣的行為是被家長慣的。

我先跟我朋友溝通。我問他：「我們小時候那樣窮，你有吞不下的東西嗎？都沒得吃了，還會吐出來？」

我朋友聽了直點頭。尤其他們當年在中國大陸時，生活條件的確辛

苦，哪會捨得吐出來？不過他對我說，他因為要尊重小孩的感覺，所以讓孩子只要不愛吃的就可以吐掉。

我說，吃不吃的確可以選擇，但吐也要吐得有規矩；可以教導孩子先吐在自己的手上，或是跟父母求救、讓他們吐在合適的容器或是地點；哪有不愛吃就隨便吐的，這就太超過了！

我為何這樣嚴格？想想看，孩子這樣的行為會造成怎樣的後果？萬一他到幼兒園之後又這樣對待老師給他的食物，老師一個人要帶這麼多小孩，看到你兒子吃了不開心就吐，他也會很不開心；如此一來，他就有可能不喜歡這個小孩。其他小孩看到你兒子違反常規的行為，也會認為你兒子怪怪的。若是老師不是很有耐心，他對你兒子表現出不喜歡的態度，其他小孩也會有樣學樣，討厭你的小孩。

我相信很多老師都很有愛心；但是，除了大部分的特教老師會把學生反社會的行為當作工作的一部分或是挑戰外，我相信其他的大部分老師還是喜歡輕鬆容易的教學環境。所以，不要小看這樣的小動作；只要是在我們社會規範裡不尋常的，都會影響到人際關係或是與他人的互動。

你看，我爹就是拿我沒辦法

我在認知上說服了我的朋友後，我腦袋裡的「CPU」便加速地尋找資料，看他兒子這樣的情況該如何處理。

我還在思考的時候，他又打算吐了；我馬上疾言厲色地對他說：「吞下去！」他果然就乖乖吞下去了，讓我的朋友大為驚訝。他以前都以為，只要他兒子吐出來的東西一定是難以下咽的；哪知他兒子對於平常和善、但是必要關頭嚴厲的我竟然會買帳，乖乖地把本來要吐出來的食物吞了下去。

其實，我們最感困擾的是家長的態度；他們因為捨不得讓小孩子難過，而給予很多不合適的嬌寵。我朋友雖然對我的教法非常讚歎，可是卻一邊跟我商量：「力瑜啊，他年紀還這麼小，你一定要這樣嚴格嗎？」我說：「年紀還這樣小你就擺不平他，等他再大一點你拿他怎麼辦？」真的，千萬不要以為孩子小就什麼都不懂，他們其實都聽得懂或感覺得出來。我朋友的小孩一聽他爹在幫他說情，便又驕縱起來；他爹剛餵他的麵條，他便像是挑戰似地看著我，當著我的面故意地吐了出來。

我用力地看著我朋友說：「我在訓練孩子時，請你不要嫌我這也太嚴格、那也沒必要。」

我朋友只好又照我的方法要求小孩把麵條吃下去。可惜，他平常和孩子建立的互動模式讓孩子知道——只要他不吃，他爹也拿他沒辦法。所以，這一歲八個月大、看似天真無邪的小孩，每當把食物吐出來時，一定認真地看著我，用眼神對我說：「你看，我爹就是拿我沒辦法！」

後來，大概是吐麵條的遊戲玩累了，他想從高椅子下來；他一邊吐麵條，一邊對他爹表示他要下椅子。我就對著小傢伙說：「你吃下最後一口麵條，否則你就要繼續坐在這裡！」

我朋友看到我這樣要求他兒子，嚇得大驚失色。他說：「力瑜，不要這樣啦！在家時，只要他想下椅子時，我就讓他下來。」

我嚴厲地對朋友說：「你若是讓他下來，那你常常大老遠打長途電話來問我幼兒教學法有什麼用！我在示範怎麼教孩子，你卻老是這樣中斷我、阻止我，你知道孩子聽得懂嗎？」

其實，我這樣的動作是不對的。在我們的訓練裡，儘量不要當著小孩面前聊小孩的行為與策略。一方面是要顧及小孩的感覺；二方面是因為，不管多小的小孩，都有可能聽懂我們的策略而加以破解。

和孩子互動要保持冷靜

我朋友半信半疑，覺得他兒子只是二十個月大的小孩，懂什麼？我卻以我專業的直覺跟觀察，知道他兒子在挑戰我，故意要跟我唱反調。

這時候，小孩使出他爹最擋不住的殺手鐧：哭！

我一看就知道他是假哭，因為沒有眼淚。我不肯讓步，硬是要他將麵條吃下去；因為這小孩不是真的吃不下，而是故意挑戰我，才會在他爹餵他吃麵條時，含進嘴裡後又看著我，然後把麵條吐出來。

我朋友這下可慌了，因為怕他兒子吵到別人；我則是悠閒地繼續吃飯，任由他兒子哭。因為餐廳老闆是我朋友，我跟他知會過我在教小孩，請他們包涵；他們也很支持我，便在旁當觀眾，看我怎樣教。我們去吃飯的時間晚，所以，只剩另一桌還有客人；我跟他們打過招呼後，便讓朋友的小孩繼續哭。

我朋友急得跟熱鍋上的螞蟻一樣，用無助的眼神看著我問：「力瑜啊，這下該怎麼辦？讓他下來好不好？」

為了不讓小孩聽懂，我便用英文對朋友說：「NO, he has to stay 不行，他得待在椅子上. Look, did you see his tears 你看，你有見到他的眼淚嗎？He is faking 他裝哭的.」我朋友瞄了一下，才發現小孩真的只有哭聲，根本沒有眼淚。

我平常對小孩子的處理一向很溫和冷靜，這樣我的腦袋才能運轉；可是，今天多了個爹在我身邊，這個不好、那個不妙地干擾，讓我無法一邊跟小孩冷靜地互動、一邊在腦袋裡面蒐尋經驗與學理的連結。我便把我朋友對我的干擾先擋在腦海外面，腦袋裡開始推敲跟連貫所有相關學理以及連結處理過的類似經驗。

我想，真的不行，我便讓朋友抬著椅子把他兒子帶到廁所去，等到冷靜後再出來，這樣他才不會在公共場合打擾別人，同時可以隔離他。不過，我認為這樣太麻煩，所以我靈機一動，用英文對朋友說：「對你兒子說，要先安靜才能下來。爸爸數到十，你若十秒都安靜，你就可以下來。」

在這樣的情境下，安靜是一定要的；否則，孩子會誤以為他是因為哭了就可以下來、哭了就可以為所欲為。因此，第一件事情就是要安靜。至於數到十秒的用意，是用來緩和我剛剛要求他吃麵條的這部分。因為，若是我再跟他對立，只會兩敗俱傷；所以，在順著他的要求的同時，讓他順從一個指令；只要他願意配合，其實跟要他吃下麵條的指令是一樣的功能。

不要低估孩子的能力

朋友就對他兒子說：「你先安靜下來。爸爸數到十，你若是能夠安靜，你就可以下來。」

他兒子一聽，立刻停下來不哭了。可是，我朋友才數到「三」，這小傢伙又哭了起來。

我用英文對我朋友說：「Start over again 從頭再數一次.」朋友便配合地又開始重數：「一、二、三……」

「不配合就重數」的動作更讓他兒子領悟到，現在的遊戲規則是：只要他一發出哭聲，他爸爸便會重數一到十；於是，他便掩住自己的嘴巴忍住哭泣。這可真讓我朋友大開眼界。

等我朋友數到十，我看他兒子完全配合地安靜下來，便馬上走到高椅子旁解開安全帶讓他下來，而且還口頭上讓他知道：「你能配合地安靜下

來，還耐心地等到十，所以你可以下來。」

我朋友簡直歎為觀止。他不敢相信，他兒子在我們沒有向他解說規則的情況下，竟然自己領悟出「他只要一哭就會等更久」。

我並不訝異，因為我知道每個小孩都是這般聰明；而且，他們的理解力超過我們所想像。我朋友開心又很滿意地說：「看來，我兒子很聰明呵！他竟然自己可以領悟出這樣的規則耶！」

哎……反正，為人父母的就是會活在「我的孩子最棒」的世界裡啦！

這點我可以理解。大家千萬不要低估了你家小 baby 的能力！

爸媽的 HOME WORK

觀察自己：有沒有在小孩鬧到最高點的時候，提供你孩子要的東西？請冷靜處理。記住：只有當孩子冷靜時，才是跟他溝通的時機。

【名詞解釋】

前因、行為、後果 Antecedent, Behavior, Consequence; **簡稱ABC**

「前因」意指任何發生在行為之前的事件、活動、人物及物品；「行為」則是前因發生後接下來的行為；「後果」則為發生在行為之後的反應。

行為的功能 Behavioral Function

意指行為的目的，比方說想得到所要的事物、逃避（又可分成「逃脫escape」及「避免avoid」。「逃脫」指對於已經在進行的行為有困難或沒興趣，中間便採取不配合或是中斷的行為；「避免」是指還沒開始但是知道將要面對的事物，而採取能躲就躲、不願意發生或是不願意投入所引發的行為）、得到注意、或自我刺激等。

增強 Reinforcement

提供某個物品或是活動時，行為會因此持續或是增加；這樣的作用便稱為增強作用，被提供的物品或活動則稱之為增強物（本文中常提及的獎勵品即為增強物）。

處罰 Punishment

提供某個物品或是活動時，會令行為因此減弱或是消除；這樣的作用則稱為處罰，被提供的物品或活動便稱之為處罰物。

區別性增強其它行為 Differential Reinforcement of the Other behaviors, 簡稱 DRO

例如，想要改善的行為（目標行為 target behavior）是打人的行為，只要孩子不打人的其它行為都是被允許的。所以，只要孩子不打人，即使是哭，在這階段也是可以被接受的。只是，這樣的技巧比較難建立新的適當行為，只可能減弱那種不被鼓勵的行為。

區別性增強替代行為 Differential Reinforcement of the Alternative behaviors, 簡稱 DRA

當你不希望小孩子生氣時打人，你便要教導他不必打人、又可以表達他心情的方法；因此，你要協助他找到替代的行為來溝通。當他要對其他人表達憤怒時，可以讓他使用語言跟對方說：「你這樣做 我並不喜歡。」或是代之以打抱枕，而不去傷害別人。這個技巧比較合適建立新的行為，算是比較積極的教法。

區別性增強不相容行為 Differential Reinforcement of the Incompatible behaviors, 簡稱 DRI

不希望小孩因為長牙期而到處亂咬東西，你便可以給他合適的護齒器；他在咬護齒器時，

就無法同時咬桌椅或是別的東西。你看到他要打人時，就拿鼓給他敲；打鼓跟打人的動作，便是不相容、無法同時存在的。

消弱 Extinction

有些行為在過去曾經被增強，但現在採取保留或是去除這些會使行為增強或是持續的反應，是為了讓這樣的行為消失。比如，小孩子以前只要一哭就可以得到他要的；但是，照顧者現在當他哭的時候則不給予他想要的東西，也就是「用哭來得到想要的」這種行為變得無效了。照顧者所使用的，就是消弱的策略。

消弱暴漲 Extinction Burst

在許多行為裡，若是平常某種行為的發生可以達到預定的目的，這個行為通常會發展至一個固定的強度或頻率；但是，當這個行為所得到的結果有所改變，甚至達不到過去所期待的效果時，這個行為的強度或頻率就會突然暴增。

比如，當孩子原本使用哭聲就可以得到他要的；可是，因為你採用消弱的技巧，所以決定不提供他所要的。若是他以前只哭三分鐘就可得到東西，面對你的不理睬，他就會對你的消弱反應而有消弱暴漲——哭得更久、更可憐，想要回到以前那種固定模式。

行為塑造 Shaping、提示 Prompt、淡化 Fading

這三者像是三胞胎一般，通常都是一起使用的。先是採取「行為塑造」：藉由不斷獎勵某個接近目標的行為來塑造一個新行為；同時要加上提示：藉由額外的刺激，來增加引發行為的可能性；最後是「淡化」：漸漸移除或是減弱為了建立新行為所使用的提示。

類化 Generalization

所學到的行為可以類推到不同地方、不同的人、或是不同的項目。例如，老師訓練學生在學校用餐具吃飯，學生回到家還是願意使用餐具吃飯，這就是類化到不同的地方；老師教學生在英文課學的記憶法，學生還可以自己運用在法文課上，這就是類化到不同的項目；平常學生對於老師所交代的功課都能完成，父母親要求時也一樣願意配合，這便是類化到不同的人。

最好的學習成果，就是不論學到的行為是什麼，都可以類化到不同地方、不同人跟不同項目。

祖母的規則 Grandma's law

學名為 Premack principle；因提出者姓 Premack 普墨克，所以稱為普墨克原則。意指利用學習者較有興趣的項目或活動、來促進其學習或是接觸較無興趣之項目的技巧。

例如，學習者喜歡算數學但是不想念歷史，便可以讓學習者學習五分鐘的歷史後提供學習數學的時間。希望能藉由接下來便能接觸喜歡之項目的過程，漸漸能夠接納原本不太喜歡的項目。

同樣的原理也可使用在飲食的方面。比如，讓學習者每次吃一口不太喜歡的紅蘿蔔後，馬上可以喝一口喜歡的汽水。

國家圖書館出版品預行編目資料

教Baby真Easy / 陳力瑜作. -- 初版. --
臺北市：慈濟傳播人文志業基金會, 2009. 08
面； 公分. --（親子列車；4）

ISBN 978-986-6644-38-2（平裝）

1. 親職教育 2. 子女教育 3. 親子關係

528.2 98013521

親子列車**004**

教Baby真Easy

創辦者	釋證嚴
發行者	王端正
作者	陳力瑜
封面攝影	金成財
出版者	慈濟傳播人文志業基金會
	11259台北市北投區立德路2號
客服專線	02-28989898
傳真專線	02-28989993
郵政劃撥	19924552　經典雜誌
責任編輯	賴志銘 、高琦懿
美術設計	尚璟設計整合行銷有限公司
印製者	禹利電子分色有限公司
經銷商	聯合發行股份有限公司
	新北市新店區寶橋路235巷6弄6號2樓
電話	02-29178022
傳真	02-29156275
出版日	2009年8月初版1刷
	2013年12月初版10刷
建議售價	200元